和華

A Japan-China culture magazine

日中文化交流誌

vol 40

目次

特集
日中の儒商に迫る
今、伝えたい論語と算盤

表紙イラスト／藤本ナオ子 naok fujimoto

日中の儒商に迫る

今、伝えたい論語と算盤

文／『和華』編集部　写真／iStok

世界は今、百年規模の大きな変化に直面している。新型コロナウイルスの衝撃、一部の国や地域の紛争と戦争、個人主義・拝金主義の蔓延による個人や企業のモラルの低下……。この深刻で壮大な時代の変化に人類は共存共栄を意識せざるえない状況となっている。

２０２４年に新たに発行される一万円札の肖像は、近代日本の実業界を築いた渋沢栄一になる。国の顔とも言うべき紙幣の肖像に渋沢が登場することは、彼の企業家精神と人生の価値観が現在の日本に求められていることの表れでもある。渋沢栄一の人生の価値観と指針は、まさしく『論語』である。彼が経営哲学を語った談話録『論語と算盤』は、企業家の経営理念と道徳修養の模範となるだけでなく、日本人の人としての道徳規準や修業規範にも影響を与えてきた。

中国には、渋沢と同じ時代に生き、同じく官職を捨てて実業に転じた企業家がいる。その人物とは、張謇《ちょうけん》である。彼は幼い頃から四書五経を熟読し、儒学文化の中で精神的栄養を吸収し、見事に状元（科挙第一等合格）になった。張謇は「実業救国、教育興国」を理念として中

国の初期の綿紡績分野を開拓した人物であり、生涯に20社以上の企業、３７０校以上の学校の設立に関わり、中国近代工業の勃興と教育事業の発展を促進した。張謇は「中国近代実業の父」と呼ばれている。

激動の同時代を生き、社会を変革した二人は日中と国が離れ、生涯顔を合わせることはなかったが、生前はお互いの事業の成果を慕っていた。１９２６、張謇が設立した企業が苦境に直面した時、渋沢に助けを求めたことがある。また、張謇が亡くなった時、渋沢は心をこめた弔電を送っている。張謇は実業家でありながら儒学の精神を貫き、渋沢は『論語と算盤』を実践し、彼らの企業精神と人生の価値観には多くの類似点がある。

「不義而富且貴、於我如浮雲」（「不義にして富み且つ貴きは、我に於いて浮雲の如し」）『論語・述而』、「窮則独善其身、達則兼済天下」（貧窮したなら、一人その身を修養する。栄達したなら天下を救済する）。３０００年余り前に、中国の儒家の先賢たちはすでに義と利の関係および社会的責任について問題を提起した。中国では、儒学思想を実践する商人は「儒商」と呼ばれている。儒学の倫理、義と利を併せ持つことを重視し、同時に教育と公益に全力で取り組んでいた渋沢と張謇はまさに儒商の模範である。

企業の社会的責任が問われる今、『和華』は「今、伝えたい論語と算盤」を特集し、儒学思想の影響を深く受けた日中両国それぞれの近代実業の父である渋沢栄一と張謇を紹介する。同時に、社会的責任を強く意識し、実践する日中両国の現代の経営者を取材した。今回の特集を通して、儒商文化の理解を促進すると同時に、儒商精神の価値に再度注目が集まることを期待している。

儒商とは？

文・写真／『和華』編集部

経済の急速な発展と様々な突発的、社会的危機の影響に伴い、近年、中国で一部の企業が商業道徳を無視し、経済的利益を盲目的に追求するといった問題が現れ、企業家の社会的責任が問われている。これらの問題が現れるに伴い、「儒商」という言葉が注目されている。

儒商とは何か？ハーバード大学の有名な学者である杜維明氏はこのように説明した。「儒学思想は社会倫理価値の形成、企業文化の育成、企業家人格の完備等いずれも非常に重要である。儒商はビジネス界の公共知識人と定義できると思う。彼らは実業家であるだけでなく、政治にも関心を寄せ、社会公益事業に参加し、企業の発展と同時に文明の進歩に寄与することも心がけている。」

儒商の起源はいつなのだろうか？もし儒学思想を実践する商人を儒商と言うなら、中国には商人が生まれたときから儒商というものが存在した。春秋戦国時代の孔子の弟子である子貢《しこう》は儒商の代表とされる。子貢は成功した商人であり、儒学の初期の発展に多大なる経済的支援を提供し、中国で最も古い儒商の代表として挙げられる。

明朝時代になると、中国では資本主義が芽生え、儒学と商業が「融合」した商人、いわゆる儒商が本格的に現れたと言われる。その中で特に明朝中期に現れた「徽商《きしょう》」（安徽省出身の商人）は、その多くが儒学思想を経営の指針として活動し、輝かしい商業文明を創り出すとともに、当時の商人の社会的地位を向上させた。

清朝時代になると、胡雪岩《こせつがん》のような富裕な著名企業家が現れた。胡雪岩は両替屋、繊維業、不動産等に進出し、どの分野でも目覚ましい功績を残した。彼はまた、道路建設や教育事業の立ち上げに寄付し、自身の富と影響力を人々の福祉に活用した。また、清朝末期には優秀な実業家の張謇が登場し、「実業救国」を提唱して、「大生紡績工場」など一連の企業と学校を設立し、中国近代産業の勃興と教育発展に大きく貢献した。

つまり、中国では、明清時代に商業の領域で儒学精神に基づいた経営思想、道徳基準、行動規範等が徐々に形成されていた。更に、儒学思想が国を超えて東アジアや東南アジア各国にも伝えられ、多くの企業家が儒学思想に深く影響を受け、儒学道徳の理想と追求に基づいてビジネスを展開している。その中でも張謇と同時代に生きた日本資本主義の父と言われた渋沢栄一は『論語と算盤』の中で「道徳経済合一説」を説明し、儒学思想の広がりの象徴となった。

現代になっても、日中両国で多くの経営者が儒学を提唱し、実践している。彼らは儒学の「仁、義、礼、智、信」をビジネス行動の中に浸透させ、社会に多大なる貢献を果たしている。

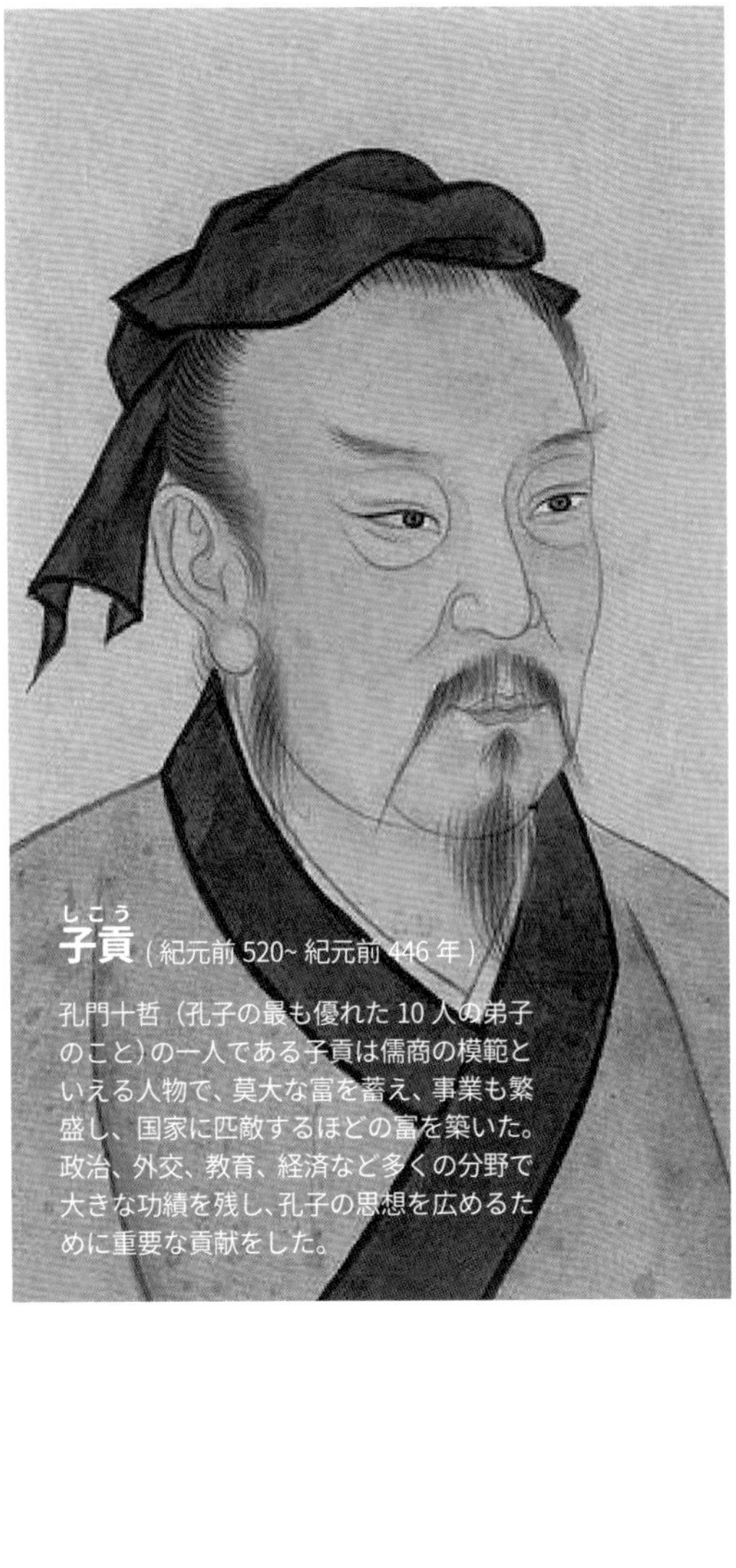

子貢《しこう》（紀元前520~紀元前446年）

孔門十哲（孔子の最も優れた10人の弟子のこと）の一人である子貢は儒商の模範といえる人物で、莫大な富を蓄え、事業も繁盛し、国家に匹敵するほどの富を築いた。政治、外交、教育、経済など多くの分野で大きな功績を残し、孔子の思想を広めるために重要な貢献をした。

不義而富且貴、於我如浮雲

――『論語・述而』

義ならずして富み且つ貴きは、我に於いて浮雲の如し。

名言から見る儒学思想と商業道徳

文／『和華』編集部

礼之用、和為貴。

礼の用は和を以て貴しと為す。

【現代語訳】礼を行う場合には調和が大切である。

――『論語・学而』

言必信、行必果。

言、必ず信あり、行、必ず果たす。

【現代語訳】言い出したことは必ず守り、行う以上は必ずやりぬく。

――『論語・子路』

中国には「半部論語治天下」（『論語』を半分読むだけで天下を治めることができる）という言葉がある。『論語』に代表される儒学思想は倫理道徳を論述するだけでなく、国を治めるためにも企業を経営するためにも重要な価値観を持っている。ここでは名言から儒学思想と商業道徳の関係や、社会的責任についての考え方を見る。

参照：『中国古典文学体系３論語・孟子・荀子・礼記（抄）』平凡社、昭和45年

儒学の古典的教義と伝統的な商業道徳との比較から、儒学思想が商業道徳に与えた影響が見て取れる。

儒学思想は「礼之用、和為貴」（礼を行う場合には調和が大切である）を強調し、伝統的なビジネス理念は「和気生財」（お互いに仲がよければお金は自然とついてくる）である。儒学は「己所不欲、勿施于人」（自分が人からしてほしくないことは人にしてはならない）や「己欲立而立人、己欲达而达人」（自分がこうなりたいと思うなら、自分から人にしてあげなさい）を強調する。

儒学の教えは義と利の関係を説明し、商業道徳も商人の利益が社会全体の利益よりも上に置かれないことを強調し、私利私欲のために消費者の利益や、ひいては国家の利益を損なってはならないと諭す。私利私欲のために手段を選ばないことは不道徳であり、欲にまみれた悪徳と見なされる。

儒学の教義は「言必信、行必果」（言い出したことは必ず守り，行う以

先義後利者栄、先利後義者辱。

義を先にし利を後にする者は栄、利を先にし義を後にする者は辱める。

——『荀子・栄辱』

【現代語訳】義を優先して利益を後にする者は栄え、利益を優先して義を後にする者は結局辱められるだろう。

見利思義、見危授命、久要不忘平生之言。

利を見て義を思い、危うきを見て命を授く。久要、平生の言を忘れず

——『論語・憲問』

【現代語訳】利益の追求には義を念頭に、危機には一命を投げ出し、時が経っても平素の言葉を忘れない。

窮則独善其身、達則兼済天下。

窮すれば則ち独り其の身を善くし、達すれば則ち兼ねて天下を善くす。

——『孟子・尽心上・忘勢』

【現代語訳】貧窮したなら一人その身を修養する。栄達したなら天下を救済する。

上は必ずやりぬく）を強調し、誠実であること、信頼を守ることはいかなるときでも基本的な商業道徳である。儒学の「義」とは本質的に「宜」であり、しなければならないことをし、社会正義にかなうことをするということだ。たとえば困っている人を助け、お互いに協力し、公益事業に熱心に取り組むなどといったことは、社会に対する人々の義務なのである。

儒学の教えの最大の特徴は、人間を社会という大きな背景の中に置き、人と人との間の関係を考え、人間関係を規範化し、道徳の力で人と人との関係を調整し、個人の利益を追求するときに公益や他人の利益を損なわないよう要求することだ。ビジネス哲学にも同じことが言える。人と協力すること、他人を害することなく自己利益を追求することを強調している。

儒学思想は「過猶不及」（過ぎたるは及ばざるがごとし）や「中庸の道」を強調し、伝統的な商業道徳は暴利をむさぼらず、略奪的な経営を行わず、ビジネスのエコシステムを重視し、商人と商人、商人と顧客の協調的な発展に重点を置く。儒商精神は、儒学思想を発展させ実践させた商業文化として、商業と道徳の有機的結合を体現し、誠実さや公正、社会的責任を強調している。

論語を礎として商事を営み

「論語と算盤」という言葉の元となった洋画家、小山正太郎氏の絵　渋沢史料館所蔵

渋沢栄一の「論語と算盤」

2024年から1万円札の肖像が渋沢栄一に変わる。明治維新という激動の時代に日本資本主義の礎を築いた渋沢栄一と、民間で事業に携わるようになって以降貫いたその「道徳経済合一」という精神、渋沢栄一と中国の関連について教えていただくため、渋沢栄一記念財団顧問の井上潤氏を尋ねた。

取材協力／井上潤　文／「和華」編集部　写真提供／渋沢史料館

井上 潤　いのうえ　じゅん

（公財）渋沢栄一記念財団業務執行理事、渋沢史料館顧問。大学卒業と同時に渋沢史料館学芸員となり、2004～2022年渋沢史料館館長。

渋沢栄一肖像。『渋沢栄一伝記資料』別巻第 10,p.253,「渋沢栄一フォトグラフ」より

時代の児、渋沢栄一

人生5つのステージ

1 家業の藍玉販売を手伝う
2 尊王攘夷の志士
3 幕臣となりフランスに渡る
4 明治政府の官僚になる
5 実業家になる

“富をなす根源は何かといえば仁義道徳”

家業を手伝い、漢籍に触れる

1840年（天保11）、渋沢栄一は現在の埼玉県深谷市血洗島、武蔵国《むさしのくに》榛沢郡血洗島村《はんざわぐんちあらいじまむら》に数軒あった由緒ある渋沢家のひとつ「中ノ家」で、父・市郎右衛門と母・えいの元に生まれた。市郎右衛門は「東ノ家」から養子に入り、藍玉（藍染の原料）の製造・販売で「中ノ家」の財政をより一層盛り立てた人物だった。まじめで勤勉、若い頃から四書五経をそらんじるほど学問好きで、元々は武士を志していたと言われている。市郎右衛門は、農民にも学問が必要と考え、渋沢が6歳のときから『三字経』、『大学』、『中庸』、『論語』などを自ら教え、幼い渋沢に説教をするときには必ずと言っていいほど『論語』の一説を用いて説教したという。

また市郎右衛門は村の「名主見習い」として村全体をうまく治めるために日頃から奔走しており、渋沢はそんな父の背中を見て育った。13歳頃からは家業も手伝うようになり、父親から自然に吸収した目利きで、藍玉の原料となる藍の葉の買い付けをひとりで成功させたこともある。一方母親のえいは、大変優しく面倒見のよい人で、当時らい病と呼ばれた病のため村八分にされていた女性の面倒を何かにつけて見、お礼にもらった団子を食べたり一緒にお風呂に入って背中を流したりして、周りに驚かれていた。人々の苦しい部分にも手を差し伸べる福祉の精神は、後の渋沢栄一の福祉事業への傾倒に影響を与えたのではないかと井上氏は言う。

尊王攘夷の志士から幕臣へ

渋沢は7歳になると隣村にある、いとこの尾高惇忠《おだかじゅんちゅう》の私塾へ通い、四書五経をはじめとする漢学、陽明学などの手ほどきを受けるようになる。尾高惇忠は渋沢より10歳年上で幼い頃から秀才の誉高く、当時は水戸学に傾倒していた。また渋沢は19歳で尾高の妹、千代と結婚することになる。

尾高惇忠が教えた読書法は、あるまとまりの概略だけを伝えて、後は自分で読み込んで理解するよう促すものだった。どんどん先に進めて、とにかく数多くの文献に触れさせる。さらに興味・関心がある本なら何でもいいから読むように指導し、読書好きだった渋沢は貸本屋に行っては歴史書だけでなく『通俗三国志』や『南総里見八犬伝』などの小説も手あたり次第読んでいった。

1853年（嘉永6）にアメリカの東インド艦隊司令官・ペリーが黒船で浦賀に来航したとき、渋沢栄一は13歳だった。7年後には開国論者の井伊直弼が桜田門外で水戸浪士らに暗殺され、開国佐幕派と尊王攘夷の鎖国倒幕派の対立が激化していく。尊王攘夷思想に傾倒していた尾高惇忠と渋沢栄一、2歳年長のいとこ・渋沢喜作は同志を募り、高崎城を乗っ取って横浜に進軍し、異人を片っ端から斬り殺すという計画を立てたが、この計画は京都で最新の情勢に触れていた尾高惇忠の弟、長七郎の説得で中止になった。

渋沢が生まれ、生きた時代の世界は電気の時代を迎え、大量に安価な製鉄が供給されることで産業の機械化が全面的に進み、交通や通信がまさに一大発展を遂げていた。それはすなわち巨大企業の成立と資本主義の高度化を促すものであった。渋沢が生まれた年にアヘン戦争が勃発、1958年（安政5）には日米修好通商条約が結ばれ、日本国中に尊王攘夷が吹き荒れていた。

攘夷活動に挫折した渋沢と喜作は、かつて江戸遊学中に知り合った一橋家の用人・平岡円四郎に勧められ、悩んだ末に一橋家に仕官し、徳川慶喜に仕えることになる。そこで水を得た魚のように才能を発揮して出世していく渋沢だった。1866年、十四代将軍・徳川家茂が21歳の若さで急逝し徳川慶喜が十五代将軍に就任、ついに将軍直属の家臣である幕臣となった。

幕臣となって間もなく、パリ万博に招かれた徳川慶喜の名代として実弟の民部公子《みんぶこうし》（徳川昭武）がフランスに行くのに、渋沢に随行する話が飛び込んでくる。博覧会の後も民部公子を数年学ばせるつもりだったので、随員を絞った上に日々の運営の要、庶務と会計の仕事を渋沢に任せるためだった。

1867年（慶応3）、渋沢はフランスに渡り、開削中のスエズ運河工事やパリ万国博覧会を視察した。ガス灯や鉄道、新聞などに目をみはり、上下水道を知るため地下水道にまでもぐりこんで見学した。そしていよいよ、髷《まげ》をおとし、洋装姿になった。さらにスイス、オランダ、ベルギー、イギリス、イタリアを廻り、パリに戻っていよいよ留学というときに、大政奉還の報せを受けた。謹慎となった慶喜に変わり昭武が水戸家を相続することになったため留学は中止となり、一行は帰国した。

失意の帰国となったものの、渋沢はその後、フランスでの経験を活かしていくことになる。まずは勘定組頭として勤めた静岡藩の資本を運用して利益をあげることを考え、日本で初めての金融商社となる「商法会所」を立ち上げた。その成功を見た明治維新で生まれたばかりの新政府は、租税や関税を担当する責任者である民部省租税正《そぜいのかみ》に渋沢を任命する。渋沢は明治政府の官僚になったのだ。

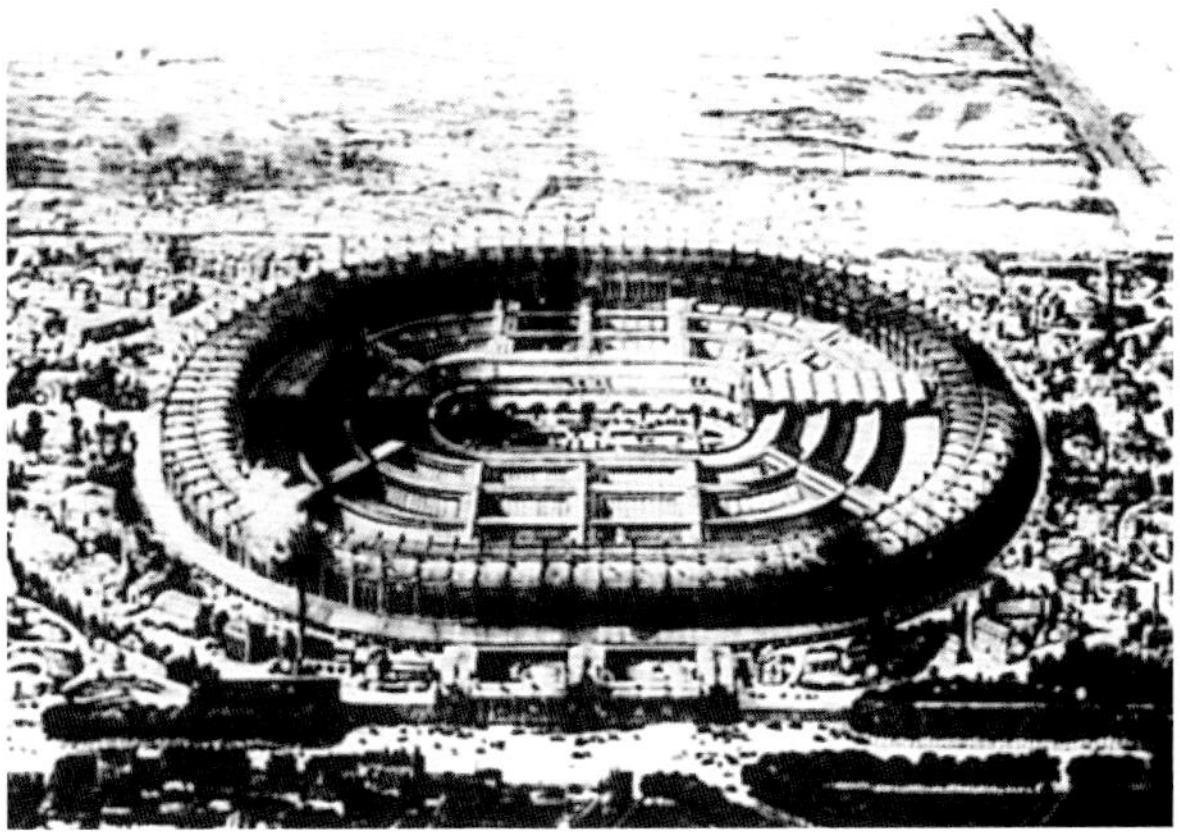

左）パリ万国博覧会会場　右）パリ万国博覧会表彰式　共に渋沢史料館所蔵

渋沢栄一の功績を知るキーワード

株式会社

欧州視察から帰国した渋沢栄一は静岡藩に仕え、日本で最初の株式会社と言われる「静岡商法会所」を設立した。

日本初の銀行

1873年に初の近代銀行「第一国立銀行」が日本橋兜町を本店として開設され、渋沢栄一は総監役に就任した。

製紙工場

渋沢栄一が王子の地に製紙工場を作ったのは新聞や書物など情報がすぐに共有されることの重要性に気づいたからだ。

社会福祉

東京養育院の運営だけでなく実際に来院して交流し、91歳で亡くなるまで院長を務めるなど社会福祉事業にも力を注いだ。

教育事業

人格修養のための人材育成に力を注ぎ、様々な学校の設立や資金援助に携わり、商業教育や女子教育にも力を入れた。

民間外交

還暦を過ぎてから民間外交に熱心に取り組み1909年に「渡米実業団」を率いたりメディア発信や国際交流を積極的に行った。

驚異的な洞察力と実行力

渋沢栄一がフランスに滞在したのはわずか1年半という短い期間。その間に制度を理解し、吸収できたのはなぜなのかと井上氏に尋ねると、次のような自説を紹介してくれた。元々好奇心が旺盛だったことに加え、尾高惇忠の読書法もあって渋沢栄一は大量の文献に触れていた。攘夷の思想に触れた文献を数多く読んでいる記録は残されているが、合間に開国説の文献も出て来る。自分と相反する考えがあることを示す情報もきちんと仕入れていた。しかもそれを腑に落ちるまで読み込んで、師匠の言ったことを理解し自分のものにしていく。そうした中で洞察力、見抜く力が養われていき、またそのような素地があったからこそ情報を総合的に判断することができたのだろう、と。

たとえば、スエズ運河の工事規模に驚いた渋沢は、どこかの国の政策だろうと考え情報収集を行い、レセップスというフランス人が設立した会社がこの事業を行っていることを知った。会社というものは、一体何なのか。調べていくうちに、渋沢は様々な人が資本を出し合い、大資本を構築してこの巨大な事業を実現し、そこで得られた利益はまた出資した人々に公平に分配されるというシステムを理解した。スエズ運河が開通すれば、もちろん会社は大きな利益を得られるだろうが、それ以上に世界中の人々が、ヨーロッパからアジアへ容易に行くことができるようになる。その公益性に驚嘆すると同時に大いに共感した。その意味まで見通すことができたのは、尾高惇忠に授けられた読書法が大きな意味を持っていたのではないか、と井上氏は話す。資本を合わせることを渋沢は「合本《がっぽん》」と呼び、日本で合本主義を実現することを固く決意したのだった。

新政府の大蔵省の要職には当時、伊藤博文や井上馨、大隈重信がおり、渋沢は改正掛《かいせいがかり》という新部署の長として、新たな法律や制度を各組織がどのように担当し処理するかを侃々諤々《かんかんがくがく》の議論をしながら決めていった。そして日本列島の地図の作成や人口調査、租税の改革、度量衡単位統一、郵便制度の確立、貨幣制度の改革……。国の根幹となる制度づくりを次々に実行した。貨幣制度の議論では伊藤博文がアメリカへ調査に行き、改正案で激しい議論が繰り広げられ、藩を廃して府と県にする廃藩置県という大仕事もあり、渋沢の周囲は繁忙を極めた。しかし、大蔵卿となった大久保利通との対立から官僚は3年半ほどで辞することとなる。

左、上から第一国立銀行、日本女子大、東京商業会議所。右、上は飛鳥山邸で来訪者に会う渋沢栄一。下はアジア初のノーベル文学賞詩人のタゴール氏を飛鳥山で歓迎。『渋沢栄一伝記資料』別巻第 10,p.58、p.89、p.100、p123.、p.174,「渋沢栄一フォトグラフ」より

合本主義を実現するために

官職を辞した渋沢栄一は、日本初の銀行である第一国立銀行（現在のみずほ銀行）を創立して実業界で新たなスタートを切った。「合本主義」を本格的に実現しようというこの時期が、最も苦労した時期だったと井上氏は言う。第一国立銀行の総監役に着くが、世の中に銀行というものが知れ渡っていたわけではないのでなかなか理解してもらえない。さらに、三井組と小野組が１００万円ずつ出資し、残りは一般からの出資を加えて発足したが、１年後に小野組の経営が破綻した。第一国立銀行は小野組に１３０万円の貸出をしており、銀行も大打撃を受けた。渋沢は大変な苦労をしながら何とか軌道にのせるまで導いた。

そういった事例が企業の立ち上げのときには何度も起こった。渋沢は生涯に約５００の企業・団体に関わり、その業種は金融、交通、商工業、鉱業、農林水産など多岐にわたる。帝国ホテルや日本郵船、第一国立銀行、王子製紙、日本鉄道会社（現在の東日本旅客鉄道）、清水組（現在の清水建設）、大日本麦酒《ビール》、東京海上保険（現在の東京海上日動火災保険）など現在まで続く企業の創業に携わっている。５００という数字からは次々に成功をおさめていったイメージがあるが、実際は我慢に我慢を重ねて一つひとつ着実に事業を形にしていったのである。

ヨーロッパで触れた新聞を普及させるため印刷に耐えうる西洋紙が必要だということで渋沢は１９７３年（明治６）抄紙《しょうし》会社を立ち上げたが、２年後に自らの足で選んだ王子の地に工場を建設した後も、外国から技術を学ぶため軌道に乗るまでは何年もかかっている。時にはこのように長く忍耐を強いられることもあった。しかし、常に未来を見据えているからこそ、未来に繋げていくためには今どうしなければならないかという道筋が描ける。だから我慢ができたのだろうと井上氏は説明する。

渋沢は他にも社会福祉事業に力を尽くした。東京養育院の創立後まもなく運営に携わり院長に就任、亡くなるまでその任を務めた。また教育も非常に重要視していた。自身が世の中を新しく作り替えてきたからこそ、新しい国を支えていく人材も育てなければ国が立ち行かない。教育は整備されたものの、商人と商業を蔑視する習慣がぬぐい去れなかったため、特に商業教育や女子教育に力を入れ、現在の一橋大学や日本女子大学など様々な大学の元の設立に携わった。

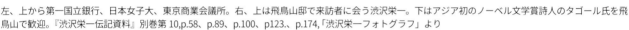

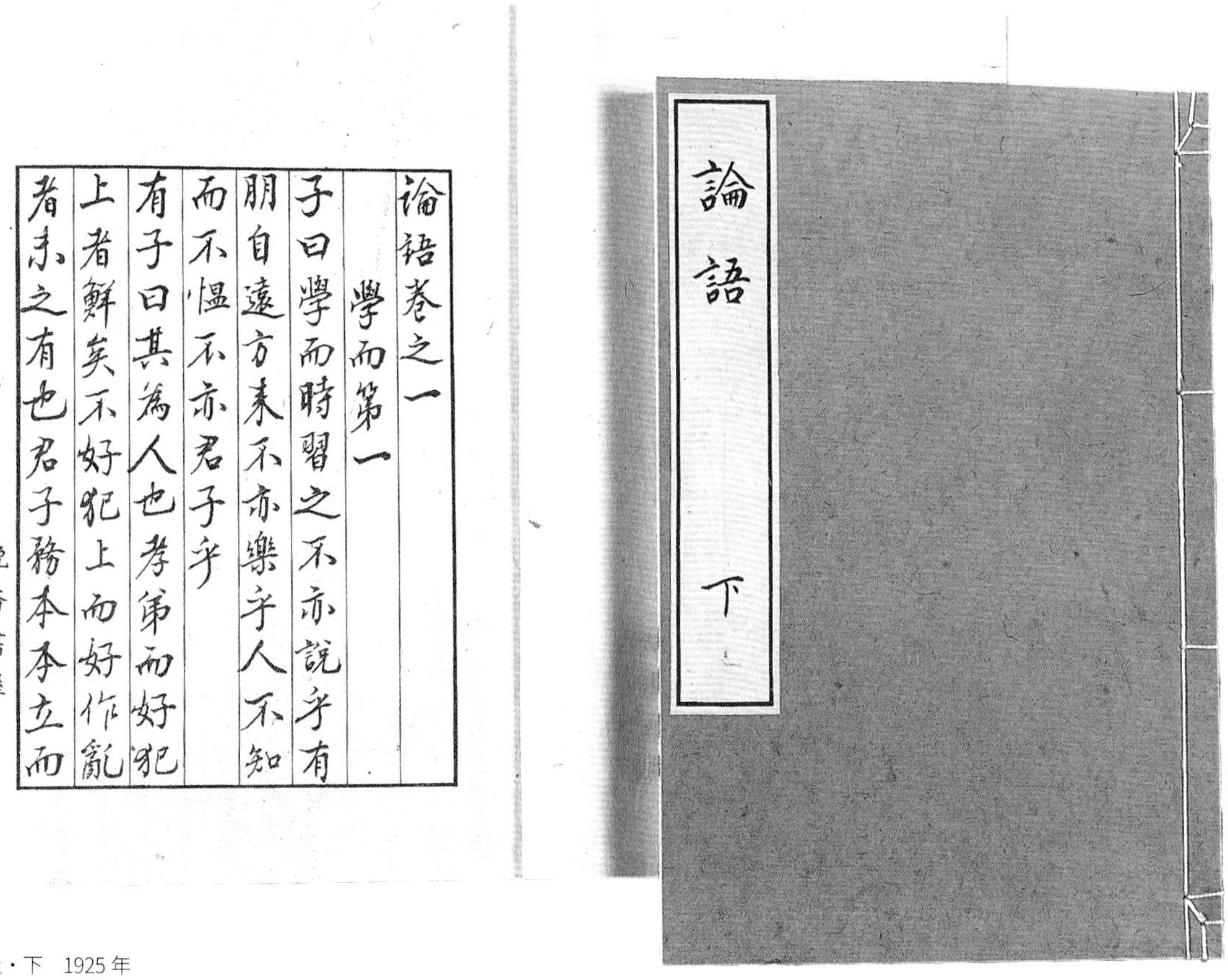

渋沢栄一書『論語』上・下　1925年
渋沢史料館所蔵

「論語と算盤」を信念に

実業界に飛び込んだとき、渋沢栄一が信念の拠り所にしたのが『論語』だった。約2500年前の古い教訓でありながら、すべての人に共通する実用的な教訓であると渋沢は考えていた。当時、渋沢には官尊《かんそん》民卑《みんぴ》を打破したいという強い思いがあった。それは17歳のときに身分社会への強い反発を感じたある出来事に端を発していた。「中ノ家」は岡部領藩主安部《あんべ》摂津守の御用達だったため、呼び出された際に父親の名代として渋沢が出かけていった。500両の御用金を用命されたが、名代のためただちに受けられないとかたくなに断り続けると、代官に嘲弄され怒鳴りつけられたのだ。激しい怒りと身分社会への反発を感じた出来事だった。

後に、フランスには官民の身分の別がないことに驚いた渋沢は、商工業者は卑しいという誤った考え方を打破し、地位を高めなければならない、そのためには意識改革が必要だと考えていた。渋沢は「道徳経済合一説」を提唱し、道義・道徳は利益を追求する経済と両立するものだと説いた。この理念は渋沢が『論語』から導き出したものである。井上氏によれば、渋沢は会社を公器と見ており、企業が経営を正しく行い利益を得ることが社会に対する一番の責任であり、それによって社会全体の経済を発展に導くことが一番の社会貢献だと考えていたという。つまり本業自体が社会貢献であり、企業活動と社会貢献活動を別物とは捉えていなかった。

また渋沢は諸外国との交易で日本の商人のマナーの悪さが指摘されていたことを非常に危惧していた。日清・日露戦争で勝利をおさめてからは人々に慢心が芽生え、不況下で金儲け主義や個人主義がはびこってきたことを憂えて知識層は特に若い人達に対して生きる術を説くようになった。渋沢もまた、実業界での体験を活かして若者に処世術を説いていたが、その講演の中から90項目に絞り、まとめて1916年に出版されたのが、まさに『論語と算盤』である。

井上氏は、渋沢栄一は書に揮毫する際、しばしば「信を万事の本と成す」と書いていたと話す。信用というものをきちんと世に示すためには正しい道筋で利益を求めなければならない。道徳と経済は両立させることができる。『論語』を愛読書として常に肌身離さず持ち続けた渋沢は、正しい道筋で利益を求めること、自分を磨くこと、信頼されることなど、道徳と経済の一体化を行動で示し続けたのだ。

渋沢栄一と中国

“ 自分の尽すべき本文は十分に尽して、
其の上は天命に委せる ”

漢籍をたくさん読んだ少年時代

渋沢栄一は6歳の頃から父である市郎右衛門に中国の伝統的な初学者用の学習書である『三字経』によって手ほどきをうけた。『三字経』とは平易な文章で「仁、義、誠、敬、孝」といった儒教の基本的な徳目や一般常識、中国の歴史などを伝えるものだ。3文字を1句として偶数の句の末で韻をふんでいるので暗誦しやすい。

さらに『孟子』と合わせて儒教における「四書」と言われる『大学』、『中庸』、『論語』まで読んだ。『論語』は春秋時代の思想家・孔子とその高弟の言行をまとめたもので、人はどう生きるべきか、また道徳について、20篇に分けて書かれている。

実業界に入ろうとしたとき、自らが事業に携わるにあたって強い信念が必要だと考え『論語』に目を向けたのだが、なぜ『論語』だったのかについて、次のように言葉を残しているそうだ。

『大学』は天下国家が論じられており、政治家が読むべきものだと感じる。また『中庸』も一段高い所から全体を見て道徳について思いを述べている所があり、段階を経て理解する必要があるだろう。一方『論語』は朝起きてから夜寝るまで、日常生活に目配りがされており、自分が選ぶならこれだと思ったのだ、と。実践を貫く、信念を持って実践に立ち向かって行く際の拠り所として、『論語』を胸に秘めて行動することを心がけていたのだろうと井上氏は話す。

『論語と算盤』の中で渋沢栄一は『論語』の一節「人間であるからには、だれでも富や地位のある生活を手に入れたいとおもう。だが、まっとうな生き方をして手に入れたものでないなら、しがみつくべきではない」(『現代語訳 論語と算盤』ちくま新書、2010年)を引いて考察を加え、正しい道徳や道理をともなって利益の追求を行うことが大切であると述べている。

自伝の『雨夜譚《あまよがたり》』によると、渋沢栄一は尾高惇忠の元に通うようになってからは『小学』・『蒙求』・四書・五経・『左伝』『史記』・『漢書』・『十八史略』・『元明史略』など中国の古典に加え『国史略』・『日本史』・『日本外史』・『日本政記』などの歴史書も読んだ。

この幼少期の素地があったためか、漢詩もよく作り、尾高惇忠と藍玉の商いのため信州を巡る際、内山峡という険しい渓谷の景色を見て読んだ漢詩は2021年の大河ドラマのタイトル『青天を衝《つ》け』の出典にもなった。また病床の折「安神知命」という漢詩を詠んでいる。

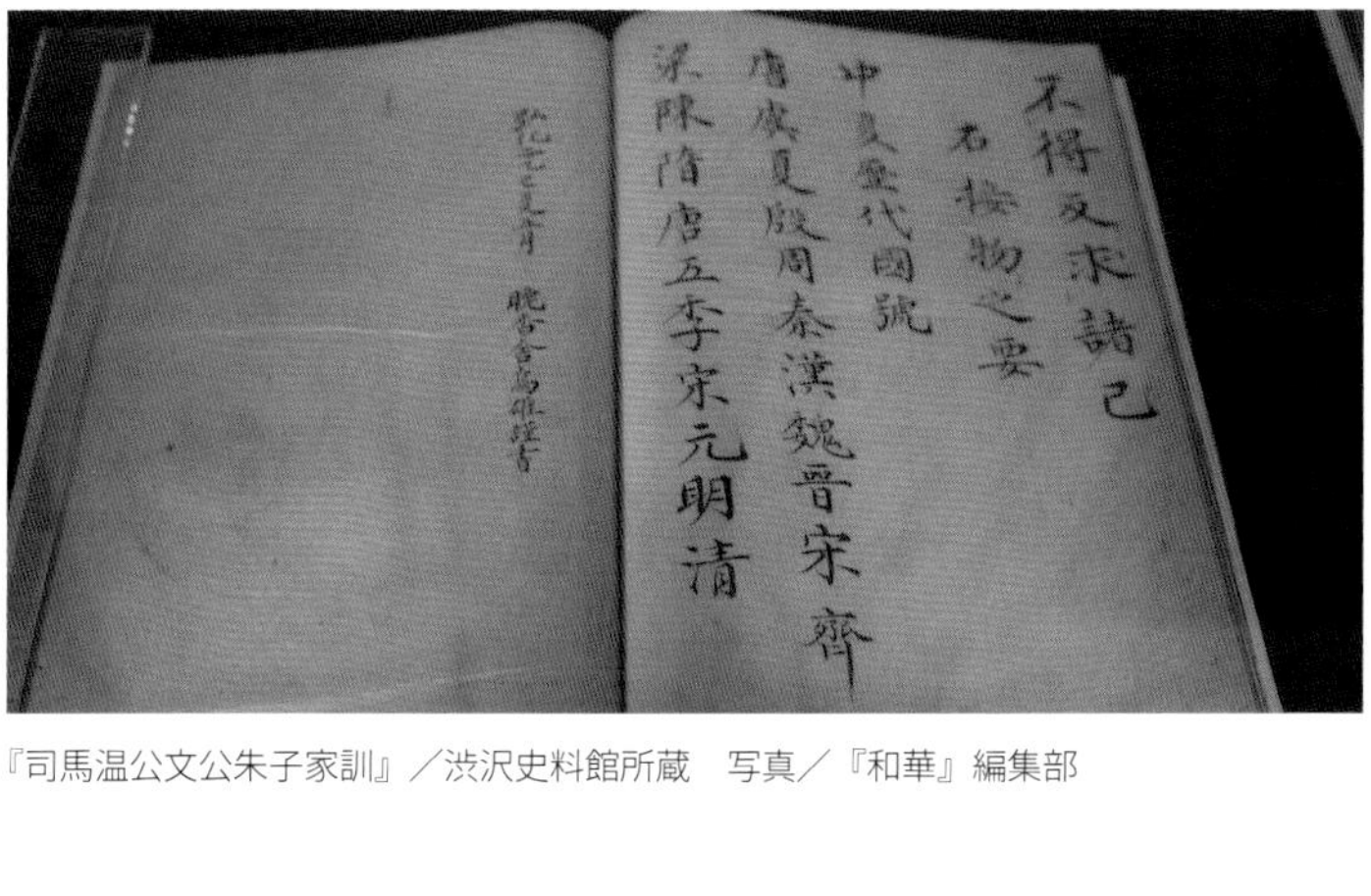

『司馬温公文公朱子家訓』／渋沢史料館所蔵　写真／『和華』編集部

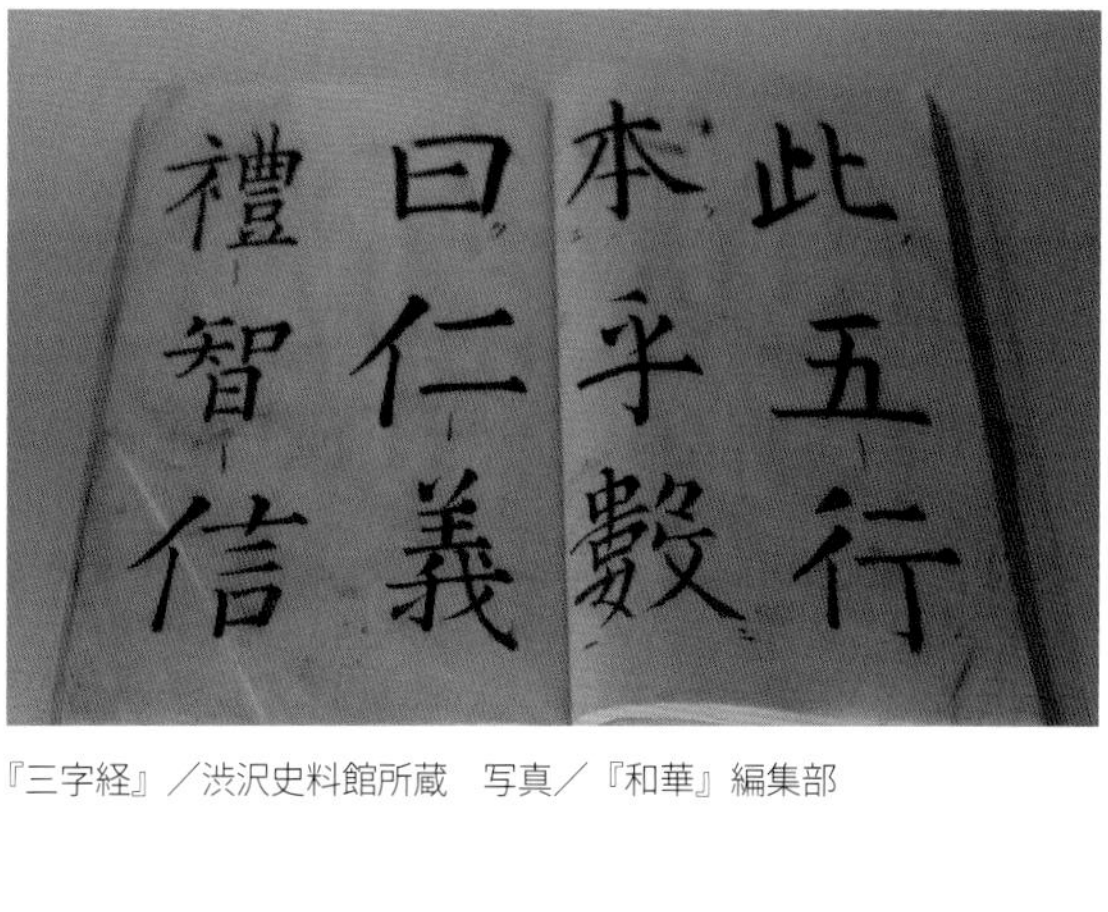

『三字経』／渋沢史料館所蔵　写真／『和華』編集部

青淵文庫の応接室。写真／『和華』編集部

左、蒋介石を青淵文庫で迎える渋沢栄一。下左、張謇。以上『渋沢栄一伝記資料』別館第10,p.130,202「渋沢栄一フォトグラフ」より。下右、孫文。写真／CNSphoto

孫文、蒋介石、張謇等と交流

1880年、渋沢栄一は清国の特命全権公使・何如璋《かじょしょう》や韓国人の金宏集他多くの人々を飛鳥山邸に招いて午餐会を開いた。その席上で阪谷朗廬が王子邸を「曖依村荘《あいいそんそう》」と命名し、何如璋が揮毫した。

また、日本を訪れた孫文と蒋介石を歓待し、日中の経済提携について協議を行っている。1913年2月14日、中華民国国民党党首の孫文を、渋沢はわざわざ新橋駅まで出向いて出迎えた。それから3週間あまりの滞在期間中、渋沢は数々の歓迎会に同席して演説をしたり、直接孫文と面会する中で日中合弁会社の設立について協議するなど、互いに交流を深めていった。同年には孫文との提携のもと中国興業株式会社が創立されたが、その後第二革命に敗北した孫文が日本に亡命し、中華民国の大総統となった袁世凱《えんせいがい》と提携する形で翌年には中日実業株式会社と社名を変更した。その際、渋沢は孫文に連絡し、孫文は中国の実業を第一に考えてほしいとの意向を伝えたという。

1927年10月、蒋介石が飛鳥山邸を訪れた際には、青淵文庫の前で渋沢と握手する写真が残されている。渋沢は翌月蒋介石を東京の銀行倶楽部に招き、午餐会を開いて懇談した。渋沢は日本と中国は様々な面で交流を持ち続けなければならない、もちろん経済分野も然りで、日中の経済交流を維持させる努力をしなければならないと考えていたと井上氏は話す。蒋介石から見れば、渋沢は中国の教えを以て中国人に言葉を投げかける人物であったのではないか、蒋介石にそのような日本人もいるのだと納得させる人物だったのではないか、と井上氏は考えている。

渋沢は蒋介石にも孫文にも日中の経済交流を維持すべきだという思いを伝えていたが、中国の近代実業の父と呼ばれる張謇からもらった手紙にあった「日本と中国の経済交流を持ち続けなければならない」という言葉は特に重く受け止めていたという。張謇から300万円の援助を求められたが、まだよく知らなかった張謇について事業状況など調べているうちに紡績業も順調に成長して結局援助は必要なくなってしまった。張謇の訃報に接したとき渋沢は、きちんと話せなかったことを残念に思い、心のこもった弔電を送ったという。ほぼ同時代に生き、役人を勤めてから民間の事業を立ち上げ、南通市の地域産業をしっかりと行った張謇と渋沢は行動がほとんど同じだと井上氏はその共通点を語った。また、教育について渋沢はもっと初等教育

左上、1914年に中国へ視察に向かう船内にて。右上、1926年に飛鳥山で上海実業団を迎える渋沢栄一。以上『渋沢栄一伝記資料』別館第10,p.118,173「渋沢栄一フォトグラフ」より。下、中華民国水害同情会慰問募集講演記念撮影。渋沢史料館所蔵

に重点を置いてもよいのではないかと言っていたそうだが、それはまさに張謇が主張し、推し進めたことであった。

人生最後の仕事にも中国を思う

渋沢自身は生涯で2回中国を訪れている。中日実業株式会社の設立を契機として、1914年（大正3）に念願の曲阜の孔子廟参拝と中華民国大総統・袁世凱らとの関係強化のため渋沢は中国に向かった。漢学に親しみ憧れた名所旧跡を訪ね、鉱山などを視察したが、体調を崩し残念ながら曲阜訪問は叶わなかった。

1926年（大正15）には飛鳥山邸に上海実業団を迎え、歓迎午餐会を開き、歓迎の辞を述べた。夜には東京銀行倶楽部で懇談会が開かれたという。

最後の仕事は、1931年に亡くなる直前、中華民国の揚子江沿岸で起きた大規模な水害の罹災者救援を目的として官民合同で立ち上げられた中華民国水害同情会の会長になり、病をおしてラジオ放送で義捐金の募集を呼び掛けたことだった。しかし、満州事変勃発により義捐金で購入した品々は中華民国政府に受け取られることはなかった。

写真提供 / 渋沢史料館

現在、飛鳥山公園の一角には渋沢史料館と喜寿のお祝いに贈られた傘寿のお祝いに贈られた青淵文庫（右上）、晩香廬（右下）が建っている

渋沢史料館（本館）
〒114-0024
東京都北区西ケ原 2-16-1
TEL：03-3910-0005
https://www.shibusawa.or.jp/museum/

フランス時代の渋沢栄一『渋沢栄一伝記資料』別巻第 10,p.29,
「渋沢栄一フォトグラフ」より

渋沢精神の普遍性の秘密

知恵を信念とした人

渋沢栄一のすごさをスーパーマンのように捉えしまうと、私たちが彼に学ぶところは大幅に狭まってしまいます。経営史の研究者としての合理的な視点で渋沢の偉大さを教えてくれる島田昌和さんの分析はまさに明解です。彼の渋沢研究が欧米や中国、トルコ、新興国で注目されています。それにしても明治・大正の絹が日本の強兵を作ったように、藍が日本の近代化と関係していた不思議を思います。

文／高橋克三

島田 昌和　しまだ　まさかず

1961 年東京生まれ。学校法人文京学院理事長。文京学院大学経営学部教授。経営史経営学博士（経営学）『渋沢栄一　社会企業家の先駆者』（単著）『グローバル資本主義の中の渋沢栄一』（共著）

経験した者の眼

幕末にヨーロッパ、アメリカへ行った日本人は皆、基本的には政治のあり方に驚いています。つまり、選挙で自分たちの大統領なり首相を選ぶという仕組みは、日本とは当然異なります。徳川家が将軍の血筋であり、政治家のトップを誰も選べないわけですから。渋沢栄一はもちろんそのことにも驚いてはいるのですが、経済の仕組み、たとえば大規模なスエズ運河の工事が株式会社の仕組みを取り入れ多くの人の出資で作られていることに着目しています。当時の日本の常識では、徳川将軍が大名に命じ、その大名が莫大な資金を投じて河川改修などを行うという段取りになりますので、会社組織が色々な人からお金を集めて運河を作るという発想にはとても魅かれたと思います。それからフランスの国の債券を誰もが買えるということにも驚き、幕府から預かったお金で国債を実際に買っていたと島田さんは言います。

幕末の民部公子一行（マルセイユにて）『渋沢栄一伝記資料』別巻第 10,p.29,「渋沢栄一フォトグラフ」より

銀行の仕組みに驚いただけでなく、鉄道でヨーロッパ中どこへでも移動できることにも驚きます。おそらくそれらのことは、幕末に渡欧した侍たちは皆同じように見聞きをしているはずなのに、そのことを書き残した人はあまりいない。やはり元々経済の経験があるかないかで、何を大事だと思うかは大きく違ってくるのです。つまりそのような経験のない侍たちにとって、経済の仕組みは関心外だったわけです。どんなにそれが素晴らしくても、その素晴らしさが分からないわけです。渋沢にそのすごさが分かるのは、やはり藍玉という商売を、渋沢家の特に父親が手広くそれをしていて、渋沢が十代の時から手伝っていたということが大きいと島田さんは分析します。

幕末の渋沢の家の年商は1万両と言われています。これを現在の価値に直すと4億円になります。一般的には、藍は日本では四国の徳島県で採れるものですが、それを深谷に持ってきて栽培を始めたのが渋沢の父親だと言われています。深谷は土地が豊かではなく水田が作れないので、とても貧しい農村だったのです。父親が偉いのは、深谷と同じようにお米の採れない北関東の農家に藍の栽培を持ち掛け、それを集めて染料にして染物屋に売るという商品作物栽培に発展させて、渋沢家はもちろんのこと地域も豊かにしたことです。土地が貧しいからこそ逆に知恵を出して豊かになったことや、農家なのに商人をしていて身分制を乗り越えていることなどの経験は、後に渋沢に大きく生かされることになります。家業がビジネスを大規模に行っていたことが、渋沢がヨーロッパの株式会社や債券、銀行などの経済仕組みのすごさに気づき、巨額のお金を集める方法を理解する大きな力になったことは、想像に難くありません。

リーダーシップ

渋沢が残した業績の大きさは、彼の能力がいかに優れていても達成できるものではなく、彼を慕い、彼のために献身的に奮闘する人たちがいなければ、不可能であったことは言うまでもありません。ではこの

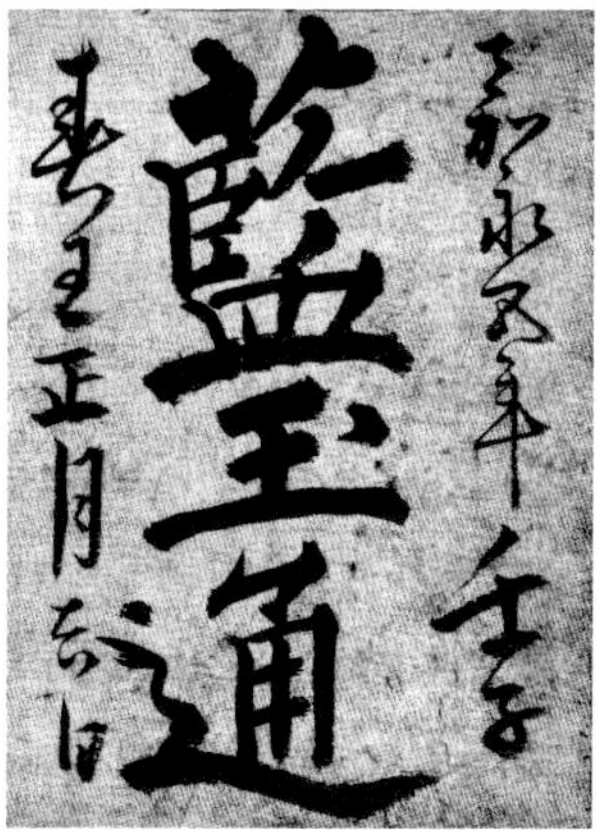

左）渋沢栄一生家「中ノ家」右）藍玉は藍葉を発酵させて作った藍染の原料で、通帳（かよいちょう）は掛け買いの月日・品名・数量・金額などを記入して金銭を支払うときの覚えとする帳簿。『渋沢栄一伝記資料』別巻第 10,p.4,14「渋沢栄一フォトグラフ」より

伝説的ともいえるリーダーシップは、どのようにして生まれたものなのでしょうか。

渋沢は、その人が一番弱くつらいところはどこか、悔しく思っていることは何かにとても敏感な人だったと島田さんは言います。渋沢が取り立ててどんどん使っていった経営者たちは、それまで不遇だった人たちがとても多く、いわゆる明治新政府にくみしている鹿児島や山口、高知や佐賀の出身者の人はほとんど使っていないのだそうです。薩長土肥の人たちは政府の官僚や大臣になれる特権階級で、それに対して、渋沢は能力があるのに出世ができない人たちに「こんなところでくすぶっていたってしょうがないだろう。ビジネスの世界で活躍しないか」と声をかけたのだそうです。藩閥によって高い位につく薩長出身者たちに頭をたたかれながら嫌な思いをして仕事するぐらいだったらビジネスの世界に来いと誘っているわけです。自分は何が何でも渋沢さんのためにひと肌もふた肌も脱いで頑張るぞという気持ちになるのも自然なことだと思いますと島田さん。渋沢がそのような人たちの持っているパワーを見抜き、引っ張り上げる力はすごい。それは渋沢自身も試行錯誤しながら、農民から一橋家に仕え、幕臣としてフランスに行くなどのチャンスに恵まれて今の自分があることを自覚しているからであり、いかにチャンスをつくることが大切であるかが分かっていたからだと島田さん。そうなると絆は深まり、永続的な人間関係が築かれていくことになります。

それから根気強いということもあります。一番つらい場面、苦しい現場に渋沢は出ていきます。普通ならば逃げて、手は汚したくないので人任せにするところを、最後の最後までかかわろうとします。社長が雲隠れした株主総会で、相談役に過ぎなかった渋沢が、「もし皆さんのご同意が得られるならばこの後は私が司会を務めさせていただきます」と立ち上がるわけですから、専務や支配人などは、心底ありがたいと思った訳です。そして5、6時間ずっと株主総会の議長席に立ち続けるわけです。

洋装の渋沢栄一『渋沢栄一伝記資料』別巻第10,p.73,「渋沢栄一フォトグラフ」より

知恵は必ず出てくる

渋沢は、多くの会社を作り、様々な事業も成功させています。しかし、それらはすぐに成功をおさめたわけではなく、頓挫し、長い間不採算なものもたくさんあったといいます。もちろんすぐに撤退を決断したものもありますが、10年間かかるものもあったようです。長い月日をかけて軌道に乗せた会社や事業がいくつもあり、その忍耐力にはとても驚かされます。

知恵は必ず出てくるという信念のようなものが渋沢にはあった気がする、と島田さん。つまり、「解決できる・できない」という答えが最初からあるわけではなく、その問題の本質はどこにあるのか、利害関係者のそれぞれの立場、誰がこの話に一肌脱いでくれるのか、そういったことを色々と探っていくわけです。そのように試行錯誤し、関係者が話し合っていく中から、また時間や状況が変わる中から必ず知恵が出てくる。そのようなことを繰り返していくうちにそれが渋沢の信念になっていったのだと。

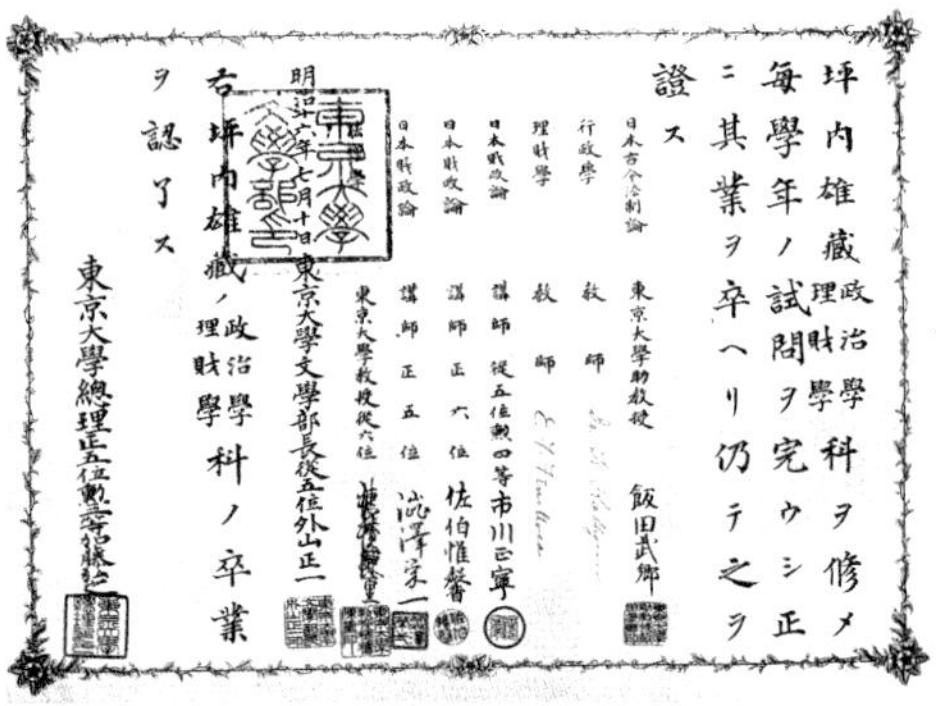

坪内雄藏 政治學理財學科ヲ修メ毎學年ノ試問ヲ完ウシ正ニ其業ヲ卒ヘリ仍テ之ヲ證ス

右坪内雄藏ハ政治學理財學科ノ卒業ヲ認了ス

東京大學總理

財政論講師として渋沢栄一の名前が記されている東京大学の卒業証書 『渋沢栄一伝記資料』別巻第10,p.73,「渋沢栄一フォトグラフ」より

それは道理が正しいか

渋沢は、多くの学校に関わりました。やはり、抽象概念が理解できなければ、近代ビジネスや近代産業、近代技術を理解できないと考えていたのだと思います。物事の関係性など直接目に見えないものでも理解できる力がなければ、ビジネスはできないと。

「そして道理だと思います」と島田さんは続けます。渋沢の基本は、「それは道理が正しいか？」ですから、判断基準にする価値観が必要です。価値観を判断するためには、やはり勉強しかないと思います。教養が大事だということです。渋沢にとっても、そして当時の多くの日本人にとっても、この教養であり判断基準になる価値観が『論語』に集約されていました。それは官尊民卑の打破にもつながります。ビジネスに携わる人は、立派な価値観を持ってそれに臨んで欲しいと。

島田さんの著書は世界中に翻訳されている
写真／『和華』編集部

「合本主義」とは何か

道理が正しいビジネスを皆と共有できるという仕組みが合本主義であり、その道理とは何かという説明が「道徳経済合一説」や「論語と算盤」だと理解できるでしょう。大きな資本主義のあり方の枠組みそのものが「合本主義」で、誰もが参加できる、誰もがお金や能力をそこに持ち寄って、そしてそこに皆で知恵を出し合い、ビジネスをすることが大事なのです。

渋沢は、株式会社は社会の公器である。そこに関わっている人みんなに利益が還元されなければいけない、と考えていました。だから社会貢献とビジネスに境目がないのは当然と島田さんは言います。「合本主義」の持つモラルの部分が今、世界から注目されており、「合本主義」をめぐる島田さんの書かれた本や寄稿した本は英語、中国語、ベトナム語などに翻訳されています。

関東大震災と女性の自立

100年前の関東大震災で東京中が焼け野原になり、夫や父を亡くし、乳飲み子を抱えてて途方に暮れている女性を前にして、明日からでも自立できる力をつけないといけないと思い、震災から6カ月後に始めた裁縫の学校（左上写真）が、島田さんが理事長を務める学校法人文京学院の前身です。創立者は当時22歳だった島田依史子さん（右上写真）。島田さんの祖母にあたります。社会的課題に挑む姿勢と志の大きさは、渋沢栄一に通じるものがあります。常に社会の必要性と学生・生徒の思いに応えていこうという姿勢の中に建学の精神「自立と共生」が息づいている学校です。

写真提供／学校法人文京学院

越野 充博 こしの　みつひろ
東京商工会議所北支部会長
越野建設株式会社取締役社長

東京商工会議所北支部では北区の銘品や渋沢栄一にちなんだ商品を販売する物産展を行っている

東京商工会議所北支部会長・越野充博氏

シビックプライドとしての渋沢栄一

文／『和華』編集部　写真提供／東京商工会議所北支部

2024年7月、新一万円札の肖像が渋沢栄一に変わるまでの間を「新一万円札発行カウントダウンプロジェクト」と位置づけ、東京都北区ではイベントが続々と開催され、盛り上がりをみせている。公民一体、北区が一丸となって取り組む同プロジェクトの推進協議会議長を務めるのが東京商工会議所北支部会長の越野充博氏だ。渋沢栄一という偉人とゆかりの深いこの地で育まれる「シビックプライド」とは何か、北区の取り組みとは。越野充博氏にナビゲートいただいた。

街の歴史と「シビックプライド」

越野充博氏は「シビックプライド」という言葉について、地域に誇りを持ち、地域を愛すると同時に、より能動的に地域を発展させていこう、よりよくしていこうという意志が含まれるものと説明してくれた。

東京都北区という場所はまさにシビックプライドを持てる地域であり、そのひとつのシンボルとして渋沢栄一という偉人がいたことは、区民の誇りになると越野氏は考えている。まさにシビックプライドに裏打ちされるように、「新一万円札発行カウントダウンプロジェクト」の様々なイベントが現在北区で進行中である。

ＪＲ王子駅の南側、こんもりと横長の飛鳥山公園は、１８７３年に太政官布達により上野公園、浅草公園、芝公園、深川公園と共に日本最初の公園に指定された。古くは江戸時代に八代将軍徳川吉宗が鷹狩りに訪れ、桜の植樹をしたことから桜の名所となった。浮世絵などからも分かるように、この地は江戸時代から行楽地として栄え、多くの人が訪れる場所だった。歌川広重が名所江戸百景で描いた不動の滝は今ではなくなっているが、かつては石神井川に注ぎ、樹木に囲まれた在りし日の姿を知ることができる。

渋沢が飛鳥山に別邸を建てたのは１８７９年。最初に第18代アメリカ大統領のユリシーズ・グラントを来客として迎えてから国内外の様々な賓客をこの地に迎えた。渋沢に続き、古河財閥3代目当主の古河虎之介がイギリス人建築家のジョサイア・コンドルに設計を依頼して、今では「旧古河庭園」として公開されている洋館を飛鳥山近くに建てた。緑豊かな別荘地であるこの辺りは観光地として人気を集めた。

明治期の絵にはしばしばレンガ造の製紙工場からのびた煙突からもくもくと白い煙を上げる様子が描かれる。製紙工場は文明開化の象徴的な風景となっていた。ヨーロッパを訪れて情報スピードの重要性を痛感した渋沢は、１８７３年に洋紙製造を目的とする抄紙会社を設立した。そして自ら東京周辺各地を探し歩き、2年後には王子の地に工場を作った。なぜこの地に決めたかというと、千川用水と石神井川という水源があったからだ。製紙には、きれいな水が大量に必要である。また、原料や製品、機械の輸送には石神井川が使われた。すぐに官営の紙幣印刷局の工場も隣に建ち、また抄紙用のフェルトや薬品工場など、この地は製紙関連の工場がどんどん建つことになる。

石神井川は王子駅付近で線路とクロスするように流れており、渋沢の助成で開通したアーチ型の音無橋が架かっている。橋のふもとの音無親水公園は家族連れが集まる人々の憩いの場だ。

①

②

①「名所江戸百景 王子不動之瀧」歌川広重 安政4年（1857）②「東京名所 王子飛鳥山ヨリ製紙会社ノ真景」有山定次郎 明治26年（1893）
①②ともに北区飛鳥山博物館所蔵

ワークショップで高校生に
渋沢栄一の話をする越野氏

伝えたい渋沢栄一の「と」

渋沢栄一の思想や功績を次世代にも伝えるため、東京証券取引所と東京商工会議所が連携して行う起業家育成をテーマにしたワークショップがある。第1部は会社を起業して、株主を集め、事業を行い、収益を株主に分配して解散するまでを1時間半ほどで体験する。第2部では20分ほどで越野氏が渋沢の話をする、2時間ほどのプログラムだという。2023年度には前年度と同じ順天高等学校のほかにも、区立の小・中学校にも広げて開催しているという。

そこで越野氏が子どもたちに伝えているのが渋沢栄一の「と」の精神だ。「論語と算盤」の「と」が重要で、「AかB」の「か」（OR）ではなく「AとB」、の「と」（AND）。経済と道徳という一見全く違うことかもしれないものを「と」でつなげたというその精神は、現代にも置き換えていくことができるのではないか、と越野氏は考えている。

発明というのはゼロから生み出されると考えられがちだが、既存の技術や概念を洗い直し、結び付けていくことでイノベーションが起きるということは多々ある。

「たとえば日本人が生み出した『とんかつ』と『カレー』を結び付けた『カツカレー』。これも立派なイノベーションですよね」とユーモアを交えて分かりやすく説明する越野氏。固定概念を大切にしながらも、柔軟にものを捉えていく。様々な角度から見ながら、常に何かプラスアルファできないかと考える。それは人のつながりも同じではないか、と越野氏は言う。たとえばこの人はこういう人だ、この国はこういう国だ、日本人はこうだ、と決めてしまったら何も動かなくなってしまう。そうではなく、柔軟に、様々な角度から見ることが「と」の精神につながる。つまりそれは平和にもつながることなのではないだろうか、と。

また、イノベーションだけでなくトラブルの解決にもなるかもしれない。中高生にその思いを持ってもらい、まさにそれを実践していたのが渋沢栄一だということを知って、誇りを持ってもらいたいと越野氏は願っている。

越野建設の社長である越野氏は、父親や業界の先輩、商工会議所の先輩に教わったことが渋沢の言っていることに集約されていると感じる。会社というものは人から必要とされて初めて成り立つものであり、社会に必要とされなければ、続かない。越野家には「お客様のかまどの灰まで掃除する心がけをもて」という言葉が伝わっているという。

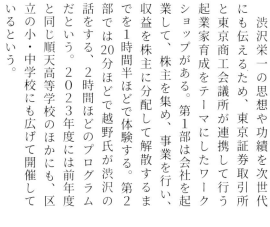

左・右：ハワイとの縁でフラのイベントが行われた

渋沢栄一の元に一丸となる

北区では新一万円札に渋沢栄一が採用されたことに伴い、令和元年から官民連携で北区を盛り上げていく「東京北区渋沢栄一プロジェクト」を展開してきたが、その集大成として東京商工会議所北支部をはじめとする民間団体と北区が連携した「新一万円札発行カウントダウンプロジェクト推進協議会」を立ち上げた。

メンバーには北区長をはじめ東京商工会議所北支部、渋沢史料館、国立印刷局、お札と切手の博物館、北区観光協会、北区文化振興財団、タウン紙「きたシティ」などが名を連ね、越野氏のいう「情報の横串」となっているのが、北区政策経営部のしごと連携担当室、シティプロモーション推進担当課といった部署である。区内でバラバラに行われているイベントも、「皆で一緒に」することで共通ロゴを使い、北区役所のプレスリリースに載るなど広く情報共有ができる。

北区では実に１００にも届きそうなカウントダウン事業と位置づけるイベントが行われており、一丸となる雰囲気が最初から醸成されているのも、その根っこにはシビックプライドがあるのではないだろうか。なお、ＰＲ大使に任命された「しぶさわくん」は、渋沢栄一プロジェクトの広報キャラクターであり、「渋沢栄一を尊敬してやまない少年」なのだという。

渋沢栄一が建てた飛鳥山邸には国内外の様々な賓客が招かれ、またそれだけでなく地域の人々を招いて様々な会が催されていた。渋沢は地域の中で人々が団結する自治意識の重要性を説いており、飛鳥山邸は街のシンボル的存在だったのではないか。この場所は渋沢が特に晩年精力的に展開した民間外交の舞台となったのだ。大正時代になると美しい建築の青淵文庫や晩香廬が賓客の接待や交流に使われた。どちらも現在飛鳥山公園で見学することができる。

正式な国賓としてはハワイ王国のディヴィド・カラカウァ王ひとりだったそうだが、清国公使の何如璋やインドの詩人、ラビンドラナート・タゴール、フランス大使のポール・クローデルなどが飛鳥山邸を訪れた。カラカウア王は、宣教師がフラダンスは下品な土人の踊りだと禁止していたのを復活した人物であり、そのような縁で渋沢庭園でフラダンスのイベントが行われたこともあった。そのような華やかな国際的交流が行われた場所であることも、シビックプライドの基盤となっているに違いない。

しぶさわくん
©2020 東京北区観光協会

渋沢栄一と同時代に生きた

中国近代実業の父―張謇《ちょうけん》

中国には渋沢栄一と同時代の実業家、政治家、教育家がいた。その人物とは、中国近代実業の父と呼ばれた張謇である。彼は渋沢栄一と同じように官から商に入り、実業を発展させることでそれぞれの国の富強を促進した。ここでは張謇が実業を興し、教育と社会公益事業を発展させていった事跡を紹介する。

文／潘岳

故郷の中国江蘇省南通にある張謇博物館の外にある彫刻　写真 /CTP

潘岳　はん がく

歴史学博士。中国国務院経済体制改革弁公室副主任、環境保護部副部長、中央社会主義学院第一副院長、国務院僑務弁公室主任（大臣クラス）を務めた。現在は国家民族事務委員会主任を務めている。

「実業救国」の実業家・「立憲の父」として

張謇《ちょうけん》とはいかなる人物か？　多くの人が張謇にひとつの定義を与えようとするが、到底ひとつの定義でおさまる人物ではない。

張謇についてまず言われることは「実業救国」を論ずる実業家であり、これは毛沢東が提起したものである。

しかし、張謇を主に実業家の役割を負った人物としてしまうのは、およそ実像からはほど遠くなる。実は彼は濃い政治的色彩を持っている。中国近代史におけるいくつかの大きな政治的転換点で、彼は重要な役割を果たしている。

張謇の近影　写真提供 / 潘岳

張謇（1853 年 7 月 1 日 -1926 年 8 月 24 日）
江蘇省常熟出身で、江蘇省南通市に生まれた。中国近代の実業家、政治家、教育家、金融家、慈善家。彼は生涯に 20 社以上の企業、370 校以上の学校を設立し、中国近代民族工業の勃興、教育事業の発展に大きく貢献した。

「共和への道」以前の事例をいくつか取り上げてみよう。彼は梁啓超《りょうけいちょう》を翁同龢《おうどうわ》に推薦し、維新運動の序曲が始まった。また立憲への準備会を発起して立憲運動の指導者となった。そして彼が清朝皇帝退位の詔書を起草し、「南北和議」を取り持ったことが中華民国を生み出したと言ってもいい。

南通大学教授の庄安正氏が編纂した『風雲際会―張謇と近代百名人』には、ごく簡単にだが張謇と清末民初の百人の風雲児との交流が概説されている。清の光緒帝や摂政王の載沣《さいほう》、維新派の康有為《こうゆうい》、梁啓超《りょうけいちょう》、譚嗣同《たんしどう》。北洋軍閥の袁世凱《えんせいがい》、黎元洪《れいげんこう》、徐世昌《じょせいしょう》、馮国璋《ふうこくしょう》。さらに各界の傑物、蔡元培《さいげんばい》、黄炎培《こうえんばい》、羅振玉《らしんぎょく》、王國維《おうこくい》、梅蘭芳《ばいらんほう》、呉昌碩《ごしょうせき》などその交流数は枚挙にいとまがない。これらの人物の年齢幅は約半世紀に及び、立場も明確に分かれているが、基本的には張謇を認めており、歴史的な大事件を共に計画したのである。このようなエネルギーとスケールは、当時の政治家としては珍しい。

張謇について次に言われることは、「立憲の父」であるということ。清末の新政策の時、彼は立憲への準備会の会長であり、各省の諮問局連合会の実質的なリーダーであった。彼は初めて西洋の議会政治を２０００年以上歴史のある中央集権政体に導入したのだ。彼が率いた国会への請願運動は、客観的に見て辛亥革命到来を導いたと言える。なにより、彼は中華民国初年の議会政党のリーダーであり、その一連の新しい考え方は政治の潮流をリードすることとなった。

張謇の政治の道は「立憲」よりも複雑だ。やがて１９１６年以降、張謇は政治から身を引いた。彼は

張謇と家族　写真提供 / 潘岳

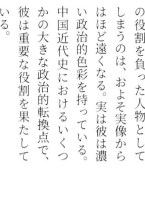

張謇が設立した大生紡績工場　写真提供 / 潘岳

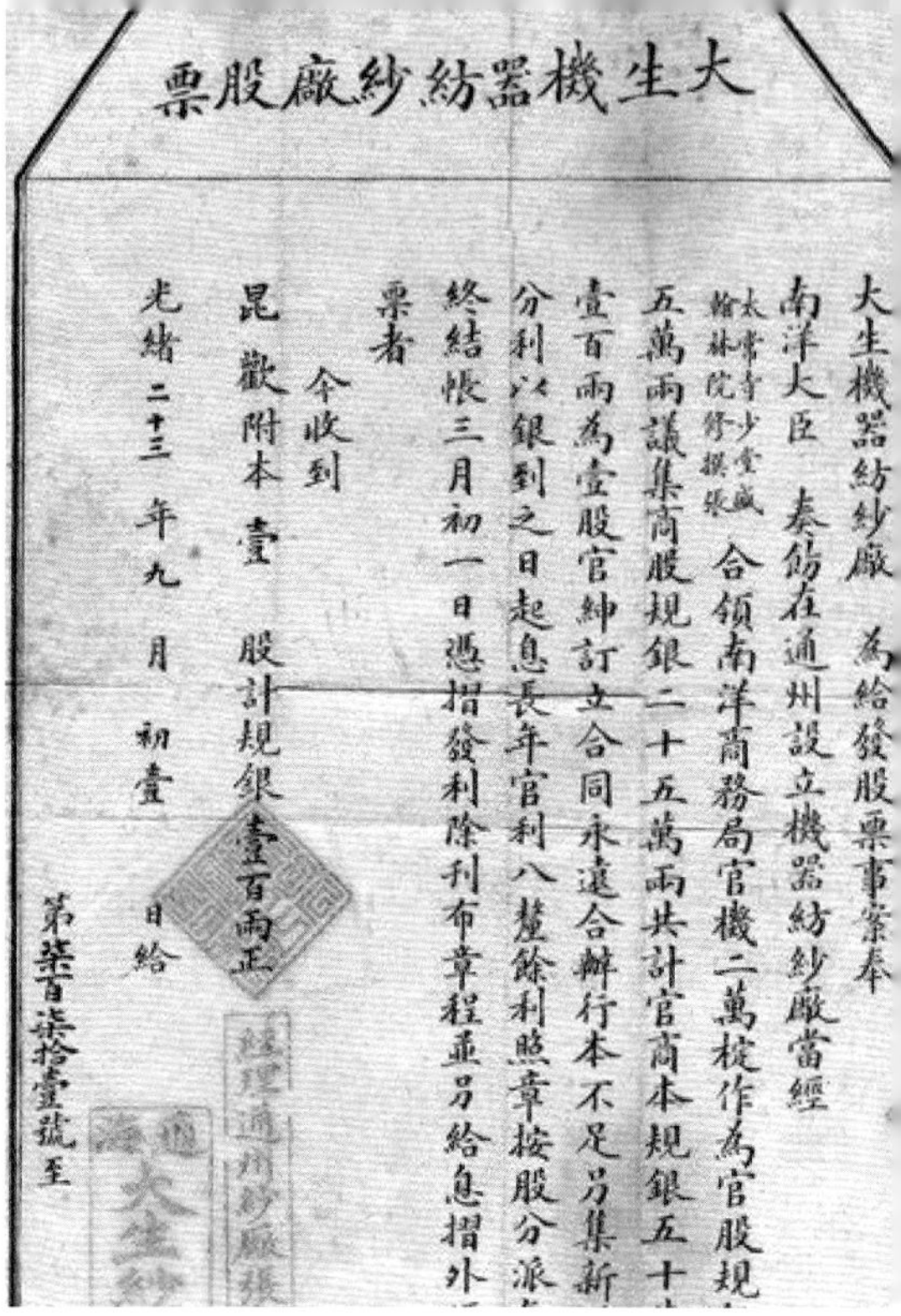

大生機器紡紗廠股票

大生機器紡紗廠　爲給發股票事案奉
南洋大臣　奏飭在通州設立機器紡紗廠當經
太常寺少卿 翰林院修撰 張 合領南洋商務局官機二萬錠作爲官股規
五萬兩議集商股規銀二十五萬兩共計官商本規銀五十
壹百兩爲壹股官紳訂立合同永遠合辦行本不足另集新
分利以銀到之日起息長年官利八釐餘利照章按股分派
終結帳三月初一日憑摺發利除利布章程並另給息摺外
票者
今收到
昆　歡附本　壹　股計規銀壹百兩正
光緒　二十三　年　九　月　初壹　日給

大生紡績工場が資金集めのために発行した株
写真提供 / 潘岳

出身地の江蘇省南通市に戻り、地方の堅実な建設に専念した。張廷栖らが編纂した『張謇が創設した中国初』という本には、彼が中国初の都市計画を踏まえた近代都市を建設し、初の小学校の義務教育を行う県級の組織を創設し、初の師範学校、盲・聾学校、紡織学校、水利学校、水産学校、航海学校、演劇学校を創設したことが紹介されている。さらに初の公共博物館、気象台、気象観測所まで。彼は病院、老人ホーム、劇場を建設し、中国初の科学団体「中国科学社」を育成した。そして中国初の「森林法」まで制定した。

　実際、それはまさに彼の政治綱領だった。彼はただ中国全土でこのような大規模な開発を行いたかったからこそ長い間政治を行ってきたのだ。

教育事業に力を惜しまない

　めまぐるしく行われたこれらの「初」の嵐の中で、張謇が最も重要視したのは教育であり、これが張謇について言われる第三の偉業である。現役で多忙であった時も、政界を退いてエネルギーの衰えを感じた時も、彼は教育事業には力を注いでいた。しかし、彼の教育方法は他の人とは大きく異なっていた。

　当時、張謇の友人の中で蔡元培《さいげんばい》は北京大学を再構築し、厳修《げんしゅう》は南開大学を設立し、唐紹儀《とうしょうぎ》は山東大学を設立した。彼らが作ったのはみな大学である。張謇だけが、中国と西洋が合わさった新しい教育方式は幼児から取りかかり、社会全体をもらさずカバーし、幼稚園、小学校、中・高等学校、職業教育から始めるべきだと主張した。張謇自身の生活は勤勉で質素だったが、彼は自らの力全てを注ぎ、十数年の間に一気に400近くのさまざまな種類の基礎的な学校を設立し、近代国民教育システムを完成させた。

　早くも1903年に日本の教育を調査していた彼は「学校の規模は大より小を求め、教科書は新味ではなく従来のものを求め、学風は都会ではなく、田舎を求める」ことを要求した。

　しかし北京大学の学長である蔡元培は張謇に納得しなかった。蔡元培はこう言った。「良い大学がなければ、中・高等学校の教師はどこから来るのか？　良い中・高等学校がなければ、小学校の教師はどこから来るのか？　だから私たちの第一歩は、まず大学を整えるべきだ。」と。しかし張謇は、教師は師範学校から来てもよいと考えた。まずは小学校、次に師範学校を土台として、基礎的な職業教育を行うべきであり、それが数十年後に徹底して国民の資質を向上させる根本的な方法だと考えた。

　彼は黄炎培と共に中国職業教育社を設立し、さらに売春婦や囚人の再教育まで行い、目が見えない人、耳が聞こえない人を教えに行きさえした。これらの視点は今日の「国民教育の方向がエリート主義に向かうのか平民主義に向かうのか」という議論にもつながる。また、現在の貧困脱却などの民生プロジェクトにとって

1905 年に張謇が創設した南通博物館は、中国最古の博物館でもある　写真 / CTP

「父教育、而母実业」（張謇）
教育と実業は衣食住の親のようなもので、必要で不可欠である。

も、今なお参考に値する。

張謇の友人たちが設立した大学は、中国の現代化を牽引するエリートや著名な人物を輩出し、張謇の友人たちも自然に各学派のリーダーとなり、国内外に名を馳せ、門弟は全世界に広がった。一方、張謇の学校からは、優れた基礎教育の教師や、教養のある労働者や農民、医者や農業技術者、基本的なスキルを身につけた障がい者や再教育された囚人や売春婦が輩出された。これらの人々は張謇の名声を高めることはなく、張謇の学派を支えることもなかったが、中国の現代化という肥沃な土地の種子となり、中国の国民の資質を完全に入れ替える清らかな泉となった。だが今に至るまで、近代の著名人の中で自身を張謇の門弟だと言う人は一人もいない。

「成功は望まない。急いで成し遂げる必要もない。功というものは現れるのに時間がかかるものだ」と張は江蘇省南通市は政治の中心でも経済の中心でもないが、百年余りの間、模範的都市の地位を保ち続けている。それはまさしくこれらの教養ある名も無き人々が、幾世代にわたる新中国の各界の基幹部分を育て続けているからだ。

張謇が創設し支援したこれらの学校は後になって、国内でも有名な大学に発展した。彼が１９０２年に創設した通州民立師範学校付属農業科は揚州大学に変わり、張謇が１９０５年に支援して創設した復旦公学は復旦大学になった。彼が１９１５年に共同創設した南京高等師範学校は南京大学、東南大学、南京師範大学、そして上海財経大学になった。張謇が１９１７年に支援して復興した同済医工学堂は同済大学になった。彼がかつて資金提供し、理事を務めた南洋公学は上海交通大学になった。彼が発起に参加し、理事を務めた暨南学校は暨南大学になった。

また、張謇が創設した専門的な技術学校もあり、各業界の最高学府となった。たとえば、彼が１９１０年に創設した中国陶学堂は景徳鎮陶磁器大学になった。

彼が１９１１年に創設した呉淞商船学校は上海海事大学と大連海事大学になった。また、１９１２年に創設した南通紡績専門学校は東華大学になった。１９１５年に創設した呉淞水産学校は上海海洋大学になった。彼が１９１５年に創設した河海工程専門学校は河海大学になった。

初心を貫く

再び人々が最もよく張謇を表す「実業家」という言葉に戻る。他の船舶輸送、交通、化学工業、金融の大物と比較して、張謇は主に軽工業を扱い、塩田の開発と淮河水利事業にも従事した。彼は一度船舶輸送を発展させようとしたが、成功しなかった。彼が創設した大規模な紡績工場は１９１２年から１９２１年の10年間は順調だったが、１９２５年には債権者に接収された。

しかし、現代の企業家たちが精神的なリーダーとして追い求めるのは、成功したビジネスの巨人ではなく、ほかならぬ張謇なのだ。なぜなら、彼が自らの肩に負った社会的責任は、「実業家」や「商人」の身分をはるかに超えていたからだ。彼は商業帝国を築こうと思ったことはなく、理想的な社会を築きたいと考えていた。彼が提唱し実践したのは、次のようなことだ。「企業家はただ大きく事業を行うにとどまらず、国を愛するだけでなく社会も愛してそれを実践する」ということ。そして「ただ慈善事業や公益事業を行えばよいのではなく、責任を担えること」だ。これは教養ある役人の根本的な価値観に基づいている。そして、企業家の精神に伝統的な教養ある役人の精神が加わったのが、まさしく中国近代商業精神の核心なのである。

張謇は１９２６年に発熱により亡くなった。熱があったにもかかわらず、彼は一人で普段通りに行動し、エンジニアたちと一緒に川の堤防を視察に行った。その結果熱がさらにひどくなり、24日後に亡くなった。最期の言葉も遺言も残していない。

張謇の政治の道は中断され、失敗した。しかし、彼は優れた創造力で無数のいばらに覆われた小道を作り出した。そして百年の大潮に洗い流された結果、これらの小道が姿を現した。隙間なく張り巡らされた道は、今日でも人々が利用できるものになっている。それを行った時、何が残るか必ずしも分かっていたわけではなかったが、彼は純粋な初心に基づいて行動した。天下国家のための初心は、いかなることがあっても常に変わることはない。

③	②	①
④		

①江蘇南通の張謇旧居　写真 / CTP
②南通崇川区の張謇墓鳥居　写真 /CTP
③張謇が援助した南洋公学は今日の上海交通大学に変わった　写真提供 / 潘岳
④復旦大学の前身は張謇がかつて創設を援助した復旦公学である　写真 / CTP

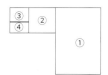

日中の経営者5人にインタビュー

現代の儒商

日本の渋沢栄一も中国の張謇も儒学思想を人生の価値観と経営理念の指針とし、論語と算盤を両立させる哲学を実践しており､彼らは儒商の代表であると言える。義と利を共に重んずる理念は日中両国に限らず、現在では世界共通の価値観となっている。２０１５年に発表された国連の持続可能な開発目標（ＳＤＧｓ）は、経済成長を追求するだけでなく、社会の公平さと環境保護にも注目し、世界の持続可能な発展を実現することを目指している。現代になると、企業経営をしながら、公益事業や社会貢献に力を入れている企業家も少なくなく、私たちから見れば彼らも儒商と言える。ここでは日中両国の企業家５人にインタビューし、それぞれの経営哲学を語って頂いた。

文・写真／『和華』編集部

大久保秀夫
株式会社フォーバル
代表取締役会長

和佐見勝
AZ-COM丸和ホールディングス
株式会社 代表取締役社長

井上 高志
株式会社 LIFULL
代表取締役社長

林立
株式会社興和インターナショナル
代表取締役 CEO

陳熹
柏物産株式会社
代表取締役社長

株式会社フォーバル代表取締役会長・大久保秀夫氏

AIの時代だからこそ『論語』が大事

日本の産業を大きく変えた情報通信業界で数々の挑戦を行い、グループ会社35社を抱える企業グループを育てている株式会社フォーバル代表。そしてカンボジアの教育支援を行う公益財団法人シーセフや一般社団法人公益資本主義推進協議会などさまざまな社会貢献活動の代表としても活躍する大久保秀夫さんに、なぜ今、渋沢栄一の『論語と算盤』が再考されるべきかについて語ってもらいました。

文／高橋克三　写真提供／株式会社フォーバル・公益財団法人CIESF・一般社団法人公益資本主義推進協議会

大久保 秀夫　おおくぼ　ひでお

1954年、東京生まれ。1980年、26歳で新日本工販株式会社（現在の株式会社フォーバル）を設立、代表取締役に就任。電電公社（現NTTグループ）が独占していた電話機市場に一石を投じるため、ビジネスフォン販売に初めてリースを導入し、業界初の10年間無料メンテナンスを実施。1988年、創業後8年2カ月という日本最短記録で史上最年少（共に当時）の若さで店頭登録銘柄として株式を公開。2010年、社長職を退き、代表取締役会長に就任。さらに、教育立国推進協議会会長代行、東京商工会議所特別顧問なども務めている。

大丈夫の試金石

渋沢栄一は、逆境に強い人でした。大久保さんは、渋沢の言う「大丈夫の試金石」（逆境は、その人の真価が試される機会）をまさに体現している人です。大久保さんの『論語と算盤』のビジネスへの実践をお聞きする前に、まずは運命さえ振り向かせた彼の意志の源泉について、お話をうかがいましょう。すべては、ここから始まるのですから。

大久保さんは、人生で三度大きな逆境に遭遇しています。

「幼稚園児の頃、車にひかれるという交通事故にあったときは瀕死の重傷で、母は医者にもう助からないと言われたそうです。だから手術から何とか生還したときは『奇跡の坊や』と新聞に書かれました。母にはいつも、あなたは一回死んだのだけど神さまがね、人の役に立つために特別に命をくれたんだよ。これからの人生は人のために生きるのよ、と言われました。5歳の頃からずっと、何か僕が悪いことをする度に、覚えてる？　あなたは一回死んだのよ、と言われ続けました。交通事故の後に、一生ちゃんと歩けないし走れないと宣告されたのに、小学校へは、松葉づえをつきながら毎日普通の子どもたちの何倍もの時間をかけて歩いて通い、中学校を卒業す

る頃には陸上部の選手として活躍できるほど足を回復させました。交通事故にあったことは不幸だったけれども、その交通事故によって僕という人間が形成されていったということで、僕は良かったと思っている」と大久保さんは語ります。お母さんの愛情の力はもちろんのこと、幼少期からの大久保さんの強い意志の力と運を感じるエピソードです。

そのとき、「自分の意志さえあれば何でもできる、何にでもなれる」と思ったそうです。

2回目の逆境は、倒産の危機です。「そのときは、発注していたメーカーの倒産で納品ができなくなり、信用が失墜し、当時わが社の1200億円あった時価総額の株価が何十分の一になってしまった。僕はまだ36歳で、ベンチャービジネスに成功し有頂天になっていた頃です。崖の上から人を見ていたのだと思う。崖の上から落ちたら危ないぞ、と思ったときにはもう遅い。崖の下にいて、崖の上と景色が違うところに落ちていた。しかし、そこで新しい景色（経営）が見えたのです。リスクマネジメントとして会社を分社化しようと。そして事業ごとに全部分社化した」。

3回目の逆境は、脳梗塞で倒れたことです。

「このときは、さすがにショックでした。医者に、3日たったら君は歩けなくなるよ、喋れなくなるよと言われてね。まだそのときは、自分で医者に行けるくらい元気でした。3日目に本当に歩けなくなり、喋れなくなったとき、僕は『人生終わったな』と思った。ところが、4日目に僕は気がついた。待てよ、僕には先生の言っていることがはっきり分かる。テレビも見えている。要するに文章が読め、新聞も読める。そして顔が分かる。経営者として一番大事なことは、社員の話をよく聞いて、書類に目を通して、判断すること。神さまは、経営者として一番大事なことを残してくれた。ラッキーだと思ったら、急に元気になりました」。

大久保さんはリハビリに専念し、歩行や喋りを驚異的に回復していきます。

「自分が今まで見えなかったものが、全部見えてきている。今はね、感謝の気持ちも、口先だけではなく本心から分かる」と話します。

「自分が生きるにあたり、幼い頃の交通事故でどう生きるべきかを、倒産の危機で経営者としてのリスクマネジメントを、そして脳梗塞で人への感謝を口でも頭でもなく心で理解することを教えられた。天が与えてくれた、『気づきなさい』という機会なのだ。そう解釈することによって成長があると思う。毎日毎日が感動の嵐だもの」。

大久保さんの人間の大きさ、真価が分かるお話です。

大チャンスの時代

大久保さんが起業し、業績を伸ばしたのは、日本の情報通信業界の大きな変革期でした。今、AI時代という、ある意味産業革命に匹敵するような変革を迎え、これから企業や私たちの仕事はどう変わるのか、また、なぜ、渋沢栄一の『論語と算盤』が、国際的にも注目されているのかを尋ねると、大久保さんは次のように切り出しました。

「『論語と算盤』の中で、僕が一番大事だと思うのは『論語』の部分だと思う。企業は『どうあるべきか』という在り方、How to beを忘れてしまっている。本屋さんに行ってもHow to doの本ばかり。『どうやるべきか』という、「手段」であるHow to doだけがメインの世界になっているのが今で、これは問題だと思う。How to beとHow to doのバランスをとることに『論語と算盤』の本質があると思うのですが」。

そして、「知識や経験が乏しい人間は勉強しよう、応用しようと頑張ってきたけど、AIができることは、もう人間にはかなわない。スマホ一台でもすごいのに、クラウドに接続された知識やHow to doの事例の記憶量はとてもかなわない。となると、人間にできてAIにできないのは、クリエイティビティとマネジメントとホスピタリティ。ここに注目したい」とも。

だから、企業の在り方や経営者の哲学や精神性が深く関わってくるHow to beが重要になってくるのでしょう。

「よく、AI時代になると人間の65%の仕事が奪われると言われるけど、産業革命で肉体労働が機械に代わったときも、20世紀にはもっと多くのさまざまな仕事ができていた。今度は頭脳労働がAIに代わるわけだけど、僕はチャンスだと思う。クリエイティブなどAIにできない仕事をすれば、この大転換期を大チャンスの時代に変えられると思う」。

しかし、今のままの知識偏重の教育では、クリエイティビティもマネジメントもホスピタリティも育たないといいます。

自分事としてとらえる

「これからは生徒が主役で、生徒に考えさせる教育が必要だと思う。例えば、先生はサポートする役割。例えば、

一般社団法人 公益資本主義推進協議会（PICC）

代表理事　大久保秀夫
2014年1月27日設立

5つの委員会とMYCOフォーラム

さまざまな社会課題の中で、経営者の視点で取り組むことが有効である分野や本業では手の届きにくい活動について、PICCの仲間と協力して取り組める機会となっている。

教育支援委員会

日本の子ども達に経営者からの視点で「出前授業」などを推進する委員会。

100年企業研究委員会

100年企業から経営の本質を学び、自らの経営に取り込むと共に、日本の経営の在り方を広く推奨していく委員会。

途上国支援委員会の活動風景

教育支援委員会の活動風景

一つの問題に対して、歴史、文化、言語、科学など調査・実験・深掘りをして、みんなで議論していく。色々なことを知る・体験する『ＰＢＬ』と呼ばれる問題解決型授業がそれで、生徒は深く考える方法を身につける」。

このような、「気づき」を与える教育は、クリエイティビティやマネジメント力を育むだけでなく、目の前を通りすぎる事象を、生徒が他人事ではなく自分事として捉えることができるようになります。

「例えば、ウクライナやガザなど日本の外で起きている世界の出来事を自分には関係ない他人事と捉えずに、これから僕らに降りかかってくることとして常に当事者意識、問題意識を持って捉えることができるようになる。これが大事だと思う。そういう風に一つのことが、たくさんのことに影響することを想像できることは、とても大切です」。

他人事ではなく、自分事に捉えたら、そこにたくさんのクリエイティビティのヒントが見えてきたというわけです。これは、渋沢栄一が常に物事を成り立ちから洞察し、その道理を問うていた思考方法につながります。

「他人事だったものが、自分事になってくるということは、自分さえ儲かればいい。自分の会社だけが儲かればいい。自分の国さえよければいいという考えに『？』をつけるもので、How to be、すなわち『論語と算盤』の『論語』が問われることになります」。

公益資本主義

では、企業のHow to be（『論語』）とは？と大久保さんにお聞きしました。

「企業は何のために在るかいうと、社会のためにある。社会のために、お客様のために、社員のために、国のためにという公器が、企業。そして手段として儲けがある。企業は社会の公器。だから、その企業を育てる経営者は公人である。企業のHow to be、すなわち理念・ビジョンを作りそれが浸透すれば、経営は80%うまくいくとパナソニックの松下幸之助さんは言っています。作ったら50%、それが社員に浸透して80%。あとの20%がHow to doだそうです」。

経営者が、こういうしっかりとした哲学を持っていると、社員はこの人についていこうと思うようになると大久保さんは言います。

「哲学がしっかりしていれば、社員みんなが、仕事への使命感をきちんと持てるようになる」。

大久保さんは、相談に来た経営者

地域活性化委員会

日本創生の原点となる地域振興。さまざまな分野から地域の活性化を研究・実践する委員会。

途上国支援委員会

経済や文化の領域で将来のパートナーとなる途上国に対して、教育や自立支援をサポートする委員会。

会員交流委員会

経営者本来の「在り方」を地域の仲間と共に学び、会員企業同士の交流を深めながら、共に成長することを目指す。

MYCOフォーラム

若者が視野を広げ、自分の社会から変えていくためのきっかけを提供するフォーラムを開催している。

MYCO フォーラムの様子

PICC 新入会員研修会の様子

PICC 福岡 2020 の様子

にいつもこう問うています。

「この仕事に命をかける価値があるのか。使命感を持つことができるのか。それがあれば、この人と一緒にやっていこうと誰でも思う」。

How to doは枝葉であって、その根幹さえしっかりしていれば企業は動くそうです。根幹をしっかりさせずにHow to doばかり教えているから駄目なんだと。

「僕たちの進める公益資本主義では、企業の目的は儲けじゃない。人です。社員・家族・顧客・株主・取引先など、全部含めたステークホルダーといわれる企業に関係する人間みんなを幸せにする。それが企業の本当の在るべき姿、How to beだと思っています。儲けることは、目的ではなく手段だと考えています」。

PICC公益資本主義推進協議会において企業の在り方とは社会性、How to beですかと問うと、大久保さんは次のように答えました。

「はい、社会性です。そして独自性、その上で経済性がある。経営を見るときも、企業の在り方を見てからさまざまな数字を見る。在り方が第一ですが、僕は決して、数字を無視することは考えていません。数字は絶対に必要です。企業を存続させるのは数字だからです。ただ、在り方を軽視すると、社員も手段、お客様も手段、商品も手段になってしまうので、まず、在り方＝社会性＝How to beを見るのです。そうそう、中国でも京セラの稲盛和夫さんの経営指導本がすごく売れていると聞きました。中国のビジネスももともとはHow to beだったということを若い経営者がみんな覚えているから、稲盛イズムに共鳴しているのだと思う」。

How to beに深く関わる言葉だと思いますが、最近はSDGsやESG、パーパスなど、新しそうな言葉が並びます。大久保さんが何十年も前からおっしゃっていたことを、いまさらながら多くの経営者が語るようになりました。

「ESGは、あたりまえだと思う。人的資本経営、人的価値経営と言われるけど、昔から企業は人なりと言いますね。人は資産です。普通は人件費は経費に勘定されるけど、間違いだと思う。人を手段としてしか見ていない。人を切るのは無形資産を切るわけだから、どんどん人をカットすると本当は将来性や企業価値が落ちていくのだと思う」。

SDGsのバッジをつけている経営者も多くいます。

「企業が持続可能な社会を作るために活動するのはあたりまえだと思います。例えば環境問題もそうですが、ディーゼル問題やエネ

公益財団法人
CIESF（シーセフ）

理事長　大久保秀夫
2008年12月8日設立

教育が変われば、未来が変わる

シーセフは、「地球益があたりまえの未来」の実現を目指し、カンボジアをはじめとする開発途上国へ「国境なき教師団」を派遣して、教育支援活動をしている団体である。

子どもたちに質の高い教育を届ける

カンボジアで幼稚部・小学部・中学部一貫校「シーセフリーダーズアカデミー」を運営し、未来のリーダーを育てる。

教師を育てる

カンボジア教員養成校などへ支援を行い、教師の質の向上を目指す。

ビジネスパーソンを育てる

現地で活躍できるビジネスパーソンを育て、産業の基盤を作る。現

ルギー問題、水保病などさまざまな公害問題は、昔からありました。企業が社会のことを考えて環境を考えるのはあたりまえですから、今になって声高に言うということは、これまでやっていなかったことを自ら表明しているようにしか見えない」。

もう一度『論語と算盤』に戻りましょう。人を大事にしなくてはいけない、持続可能な社会にしなくてはいけないなど全て書いてあります。

ウェルビーイング

大久保さんは高校で授業をしたとき、高校生にこうお話しました。

「いい大学に入りたい。いい会社に入りたい。それが目標なんだね。でも、それは全部手段だよね。本当の自分の目標は、どう生きたいか、何をしたいかだと思う。その手段として高校、大学、社会がある。僕の友人の医者が言っていたけど、人間死ぬときになると、みんなほとんど異口同音に、『僕の人生何だったんだ』と言うのだそうだ。自分のしてきたことは全部手段だった、本当の目的は果たしていなかったということに気づくのだとね」。

大久保さんが、高校生に伝えたのは、ウェルビーイング。人間は幸せになるために生きているということ。企業のHow to beもウェルビーイングではないのでしょうか。

上下共にシーセフ 2023

最後に、大久保さんがカンボジアなど東南アジアで教育の支援をしている公益財団法人シーセフの活動についてお聞きしました。

「地球の人口を80億人とすると、だいたい80％の人間が発展途上国の人。発展途上国の人にとっての幸せと、アメリカや日本、中国の人々にとっての幸せは違うと思います。本当の意味で幸せになるためには、その国の教育が果たす役割りが大きい。生まれたときは、まっさらです。まっさらな状態だから、どういう教育を受けるかによって人は変わってしまうと思う」。

カンボジアは内戦で教育が破壊されました。ここを拠点に、東南アジアの多くの国に、シーセフの活動の成果を広げたいと思っているそうです。

「2016年に、幼小中一貫校シーセフリーダーズアカデミーを設立したのですが、この学校は、今カンボジアでモデル校になりつつあって、カンボジアの教育大臣も、教育省の長官もみんな僕らの学校を視察に来る。カンボジアの学校にこれを転用してほしいということで、カンボジアに広げる準備をしているわけです。一つの学校から広がれば、本当にアジア全体にね、広がっていくと思う」。

在はＩＴ人材育成に注力している。

起業家を育てる

毎年「ビジネスモデルコンテスト」を開催し、途上国で将来の雇用を創出し、国内産業を盛り上げるための起業家の育成をしている。

教育行政を改善する

教育行政官が教育の仕組みや管理方法について学ぶための大学院をカンボジア教育省と一緒に設立し、運営支援をすることで、教育課題の根本解決を目指す。

AZ-COM丸和ホールディングス株式会社 代表取締役社長・和佐見勝氏に聞く

「報恩感謝、利他の心」で「幸福企業づくり」

和佐見勝氏は24歳のときにトラック1台で運送業をスタートさせた。2023年には、会社が設立50周年を迎え、物流・ロジスティクスから企業の物流業務を一括して請け負う「3PL」企業へと進化を遂げた。「桃太郎文化」や「幸福企業づくり」の理念、中国市場への期待など和佐見勝氏独自の視点を語って頂いた。

文／「和華」編集部　写真提供／AZ-COM丸和ホールディングス株式会社

和佐見 勝　わさみ　まさる

1945年埼玉県吉川町（現吉川市）生まれ。青果小売業を経て運輸の世界に入る。1970年に24歳で創業。1973年丸和運輸機関を設立。1990年代前半に3PL（サードパーティ・ロジスティクス）事業に参入。2014年4月8日東証二部上場。2015年4月10日東証 一部指定。2022年4月東証プライム市場に移行。2022年10月1日より純粋持株会社体制とし、商号を「AZ-COM丸和ホールディングス株式会社」に変更。日本3PL協会会長、東埼玉テクノポリス協同組合理事長、公益財団法人和佐見丸和財団代表理事などを務める。

Q：2023年9月25日、和佐見社長が所有する資産の一部を同社グループの従業員および役員に総額50億円以上を現金で贈与すると発表され、話題になりました。驚くべき贈与に至った経緯と人材育成の考え方を教えていただけますか。

A：若い時は貪欲でしたが、今から振り返って考えると、お金も仕事も後からついてくるものだということが分かります。私は創業時から「社員を幸せにしたい」「幸福企業づくり」と言っていました。

2018年には、私が所有する当社株式のうち、約5億2000万円分の株式を社員全員に贈与しました。そうしたのは、社員の皆さんに幸せになってほしいからです。2回目の2020年には、「新型コロナウイルス対応慰労」としてパートさんを含めた従業員1万人に、総額10億円以上の現金を贈与しました。

今回は、1973年の設立以来、当社発展のために尽力し、共に働いて

会社設立 50 周年記念祝賀会　グループ社員 1000 名以上を招待　　2023 年 9 月 24 日東京都内のホテルにて

「幸福企業づくり」は「考働的幸せ」、次に「経済的幸せ」、そして「家族的幸せ」の３つの幸せです。

きた従業員および役員に感謝の意を表すると同時に、業績の向上および企業価値の最大化への意欲を一層高めるために「設立50周年記念」として実施することにしました。対象者は社員約5000人、パート従業員約1万人、合計約1万5000人で、今後の新規採用等によって対象者数は増える見込みです。

Q：「幸福企業づくり」とは具体的にはどのようなことでしょうか？

A：「幸福企業づくり」という言葉は、他の会社ではあまり使っていないと思いますが、私はまず社員の皆さんを幸せにしたい。つまり同志（社員）の「幸せ創造」。そういうことを強く意識して経営をしています。

「幸福企業づくり」には3つの幸せがあります。まず「考働的幸せ」、次に「経済的幸せ」、そして「家族的幸せ」の3つです。「考働的幸せ」とは考えて働くことです。それは仕事があり、働けることは幸せなのだということを意味しています。2つ目が「経済的幸せ」です。お給料があり、賞与があり、その他に成果配分があります。また、金銭的なインセンティブとして持株会やESOPがあり、物質的なインセンティブとして、丸和ロジスティクス大学で学んだり、海外視察や外部研修を受けたり、物流に関する資格を取得できたりします。3つ目が「家族的幸せ」です。仕事で家を出るときに家族から「頑張ってね」といった声を掛けてもらうような幸せですね。

Q：御社の企業活動の基盤となる「桃太郎文化」について詳しくご説明いただけますか。

A：桃太郎の童話は誰もが幼少期から接してきた昔話です。桃の中から生まれた桃太郎が、犬、猿、雉の三者を従えて、鬼ヶ島の鬼を退治するという大仕事やり遂げました。まさに、犬の〝考働力〟、猿の〝知識力〟、雉の〝情報力〟が揃ってこその目標達成です。

「桃太郎文化」の根本的な考え方は「報恩感謝」です。その根源は同志幸福にあります。

「桃太郎文化」とは、多くの同志が過去の体験をもとに創造し、共有してきた当社の企業文化であり、「価値観」や「考働規範」の総称です。「桃太郎文化」の根本的な考え方は「報恩感謝」です。その根源は同志幸福にあります。

人間関係には両親、先祖、兄弟、親戚、恩師、友人、仲間、地域社会の人々という8種類の人間関係が挙げられます。こういう方々の教えをいただいたからこそ、皆さんの今があるのです。この「報恩感謝」を学ぶことが、学生から企業人、社会人、あるいは家庭人になるための心の改革になります。人との出会いや仲間たち、また、仕事をいただけることへの感謝と相手に助けてもらった恩を忘れず行動で返し、利他の心で相手の成長を助けることが大事だと思います。

Q：「桃太郎文化」はどのようにして生まれたのでしょうか。

A：私は1988年、43歳の時に大病を患い、虎の門病院に入院しました。長年必死に働き続けた結果、肉体が限界を迎えていました。40度の高熱にみまわれ、24日間で30キロ以上体重が落ちました。このときはさすがに「死ぬのかもしれない……。」と思いました。そのため今まで会社で伝えてきたことを成文化しようと思い、創業時から自身が無我夢中で実践してきたことを一つひとつ思い出しながら、お客様への想い、同志への期待と願いを込めて書き上げました。「人を大切にし、人を幸せにする」この想いを胸に、会社の将来の夢やビジョンも含めて、何度も何度も書き直し成文化しました。こうして出来上がったのが「桃太郎文化」です。まさしく命を懸けた、私の魂を宿したものであり、私の人生そのものが「桃太郎文化」なのです。

Q：幼少期から起業に至るまでに苦労された経験をお聞かせ頂けますか？

A：中学校1年生の時、肺結核で入院する母の病を治してあげたい一心で青果市場でのアルバイトを始めました。中学卒業後、アルバイト先で出会った社長にお願いして20歳までに独立することを了承いただいた上で、正社員として働くことになりました。当時は毎月2日しか休みがなかったですし、休みの日も同業者のお店を手伝うなど、将来に役立てるため日々勉強してきました。そして19歳で千葉県習志野市にお店を構え、起業することができました。最初は店舗ではなく、「引き売り」という車に野菜を積んで売り歩く商売からのスタートでしたが、21歳で東京の千住に出店するほどに店は繁盛しました。

ところが24歳のときに人生を一変させることが起こりました。保証人になっていた恩人が亡くなったことで借金を全て肩代わりすることになり、苦労して出した千住の店舗を手放さざるを得なくなったのです。手元に残ったのはトラック1台でした。そこからはもう無我夢中、トラックを元手に始めた運送業で苦節8年、総額4500万円の借金を全て返済しました。現在の価値に置き換えると、何億円ですね。

社内研修風景

AZ-COM 丸和・支援ネットワーク主催
第12回海外研修：欧州 EC ビジネスの最新事情
2023年10月フランス、ベルギー、スペイン等視察

Q：中国との関わりについて教えていただけますか。また、中国の物流業界についてどのように思われますか？

A：30年近く前、日本の生活協同組合から依頼されて北京の生活協同組合に派遣され、物流の指導を行いました。当時の中国はパレットがなく、物は全て直積みでした。フォークリフトもない、ハンドリフトもない。物流センターといっても倉庫と同じで、鶏肉でも何でも常温管理でした。ところが特にここ数年中国の物流はＡＩやＩｏＴを導入し、今ではトップレベルの物流システムを構築しています。海外へ留学した人たちが技術を持ち帰り、政府の後押しもあるので環境が整っています。あれだけ広い国土ですから、物流システムが構築されれば効率性が一気にあがります。

Q：中国のマーケットに期待することは何でしょうか。

A：中国は世界ナンバーワンの市場です。人口もそうですし、経済力も軍事力も強いです。今日では食文化が変わってきています。衣食住の中で食文化というのは最も生活を豊かにします。家もどんどん建てられて、車も車道から溢れるほど走って、街中にはいいお店がたくさん立ち並んでいます。

中国でのビジネスを進める際に、周りからは中国人は怖い、騙されるという話も聞きますが、私に言わせれば人はどこにいたって騙される可能性がありますよ。相手のために頑張ろう、相手を良くしようと考えて行動していれば、結果として騙そうとする人は少なくなると思います。

中国語の「飲水思源」（井戸の水を飲む際は、井戸を掘った人の苦労を思えという意味）という成語が表すように、中国人は友人をとても大切にしますし、義理人情に厚いと思います。それはまさしく私が唱える「報恩感謝」そのものだと思いますね。

中国で十数年前から食品コールドチェーンの事業を展開する準備をし、２０２０年から本格的に事業展開していこうと考えて、1月に中国へ渡航したのですが、新型コロナウイルスの影響で話が一旦ストップしてしまいました。今後もこの食品コールドチェーンの事業だけに絞って展開していこうと考えています。中国の小売業者、中でも食品スーパーの物流改革、改善に取り組み、コンサルティングや人材育成を通して現地での3PL事業を構築していきます。

Q：現在中国の学生たちに奨学金を出されていますが、その理由を教えていただけますか。

A：２０１１年から北京交通大学で学生への助学金を始めました。元々は「物流創新研究所」を作って産学官の連携を行いたいと考えていたのです。中国には高学歴で優秀な学生はたくさんいますが、いざ社会に出て物流に関する問題を解決できる人が少ないのです。そういった人たちに頼ってもらえる研究所を目指しています。研究費は当社が全て

2023年11月30日、第13回「丸和助学金授与式」を北京交通大学で開催
2011年から、延べ240名の大学生・大学院生に助学金を授与

トップイーストリーグ B グループ聖地決戦 丸和運輸機関 42-32 勝利！ 和佐見氏と AZ-MOMOTARO'S　2023 年12 月2日東京秩父宮ラグビー場にて

負担しますし、学生たちを日本でも有数の大学へ派遣することで、教授から直接指導を受けることができ、結果としてプロ意識が身につきます。そして彼等が今後BCP物流事業で社会に羽ばたくことが私の社会貢献の一環であり、社会への恩返しに繋がると考えています。

Q：社会貢献といえば、京都大学や東京大学などにも協力、連携されていますね。

A：当社は社会人ラグビチーム『AZ-MOMOTARO'S』を持っています。2014年に関東社会人ラグビーフットボール連盟に登録してから、年々力をつけ、グループ全体に活力を与えてきました。ラグビー精神と企業経営の重なり合う部分は、自分たちの目標に向かって挑戦していく所です。それには日々鍛錬し、心身共に磨き続ける努力が求められます。

ある時、グループ会社の関西丸和ロジスティクスのラグビーチームが京都大学ラグビー部と合同練習する機会があり、関係者にグラウンドやトレーニング室を案内してもらい、プレーに支障が出るほどひどい状況であることがわかりました。そこで私は整備に協力することを決めました。2021年4月、京都大学125周年記念事業への寄附という形で、天然芝・人工芝グラウンドとトレーニングマシン等を設置したクラブハウスが完成しました。今後も合同練習や練習試合を通してお互いに切磋琢磨し、高め合える関係性を築きたいです。

東京大学の柏キャンパス（千葉）にも約1万6000坪の敷地に天然芝・人工芝のグラウンド2面とクラブハウス等の建設に寄附で協力しました。ここではラグビーチームの選手の身体能力向上、動作解析、戦力強化等のスポーツ科学についての研究を共同で行っています。東大とはBCP（事業継続計画）でも連携が進んでいます。こうして、スポーツをはじめ

和佐見氏が個人で寄附した「東京大学丸和柏FUSIONフィールド」

躍動する ラグビー選手

上：建設中の物流センター『AZ-COM Matsubushi』　右下：物流パーク完成予想図（20 万平米超）

「報恩感謝、利他の心」の輪を広げ、社会貢献型の物流ネットワークを作っていきます。

大学との連携、交流や人の縁が広がって、事業もスポーツも挑戦が続いていきます。

Q：今後のビジネス展開と社会貢献についてどのように考えていますか？

A：我々は今まで社会貢献をしてきましたが、社会貢献というのは、レベルの差もあります。社会貢献とビジネスのバランスを保ち、収益を確保できるようにしていく必要があります。本当に質の高い社会貢献は、プロ意識を持って、ビジネス化していかないと駄目です。

今後は3PL事業に加えてBCP物流という企業継続のサイクル、いわゆる災害時における物流ネットワークを構築し、有事の際にどのように会社を存続させていくかという取り組みを事業化する計画です。このBCP物流という災害時における物流ネットワークは我々の業界では初めてのことで、これを担当する「AZ-COM丸和・支援ネットワーク」は、社会貢献型の物流ネットワークです。私がBCP物流事業をやり遂げることは、社会の恩返しになるのではないかと思っています。今、若い社員たちを東北大学、東京大学などいくつかの大学へ研究員として派遣し、専門家から直接の指導を受けています。

今後はネット上のオンラインショップを支えるEC物流、海外進出も視野に入れた低温食品物流、人々のヘルスケアを支える医薬医療物流、この三本柱を磨き上げ、さらにBCP物流事業に注力することで従来の延長線上ではない高度な3PL事業者を目指してまいります。言うなれば桃太郎はただ鬼退治すれば良いのではなく、ECなどのインターネット空間で社会を支える「サイバー桃太郎」へと進化を遂げるべき時が来ていると確信しています。

これからもAZ-COM丸和グループは報恩感謝、利他の心の輪を広げ、社会貢献型の物流ネットワークを作っていきます。

株式会社ＬＩＦＵＬＬ代表取締役社長・井上高志氏

奇跡の時を作る 利他の心

顧客と業界の間における、不動産情報の一方通行という社会的課題の解決を起業の目的とする井上さんは、実業と社会的課題の解決・社会貢献を一度も分けて考えたことがない。利他の心を軸にウェルビーイング（よく在る状態）とピースを価値基準として進むビジネスは、不動産の枠を超え、もはや私たちの生きる未来を写し出そうとしているように思えます。それはまるで、『論語と算盤』の精神の実践が、希望の力を生み出すことを教えてくれているようです。

文／高橋克三　写真提供／株式会社ＬＩＦＵＬＬ

井上 高志　いのうえ　たかし

1968年生まれ。1997年、26歳で株式会社ネクストを設立、代表取締役。2010年に東証一部上場。2017年、社名をLIFULLに変更。一般社団法人新経済連盟理事、一般財団法人PEACE DAY代表理事、一般財団法人ナスコンバレー協議会代表理事など。

ビジョナリー（先見の明）

渋沢栄一は士農工商の身分制や官尊民卑の壁に怒り、井上さんは業界と顧客の不動産情報の一方通行に怒る。壁を乗り越えようとする人には、壁の向こうまで見通す目が開かれるのでしょうか。後になって分かることですが、普通は情報の一方通行性にしがみついて仕事をしてしまうのに、その欺瞞を許せなかった人はＩＴの進化による情報取得コストの低下が企業組織や産業構造を変えてしまうという時代の大きな変化を予知していたようです。

「不動産業界に入ってみてびっくりしたのは、その頃は、賃貸にしても中古物件にしても新築にしても業界の人は、テクニックと称して、自分の都合のいいように情報を出すんです。情報を出すか出さないかの自由意志は不動産会社側にはあって、消費者側は出されたものしか見ることができないのです。お客さんは、一生に一度の高い買い物をしているのに、この人たちは情報の優位性で金を稼いでいるのです。最初の３カ月でうんざりしてしまいました」。

不動産は、衣食住という人間にとって必要なサービスの中でも、安心安全で快適な住む場所を扱い、そこに家族を想定するなど、幸せづくりのお手伝いをする、やりがいがあ

FRIENDLY DOOR

「外国人だから」、「高齢者だから」、「同性カップルだから」そういった理由で、希望する住まいを借りることができない人たちがいます。そんな住まい探しは、もうおしまい。LIFULL HOME'S がはじめるのは、国籍、年齢、性別などさまざまなバックグラウンドを持つ人と、相談に応じてくれる不動産屋さんをつなぐサービスです。

る仕事だと思って進路に決めたのにという悔しさがあったそうです。

「これは情報の一方通行性の問題だ。それをぶち壊していけば、人を騙せなくなる。と考えて、今の事業を始めたのです」。

それに、苦労して探した物件に喜んでくれたお客さまの笑顔が忘れられないそうです。井上さんの創業の想いには「目の前の人を笑顔に、幸せにしたい」「すべての不動産情報が公開される仕組みを構築したい」ということがあります。

構造的な見方と分析力

笑顔と透明・公正な不動産情報を結びつける、井上さんの物事を構造的に理解する方法はどこで身につけたのでしょうか。

「物事を社会システムとして理解し、全体も見るし、森や林も見るけど木も見て、木の枝葉まで全部理解するというシステムシンキングで、構造を理解した上でどのようにリ・デザインしていくのかを考える方法を学んだのは、結構あとのことなのです。でも、いつもどうなっているのだろうと考え続ける癖はかなり以前からあり、なぜこのようなことが起こっているのだろう、とずっと考え続けていたことが、構造的な見方を育てたのかもしれない」と問いに答えてくれました。

井上さんは、よく利他主義、世界平和などと言われる。この構造的な見方と利他主義、世界平和はどのような関係なのでしょうか。

「まずは立体的なレイヤーを想像します。最上段にあるのは、ウェルビーイングとピース。要は世の中の人類全員が幸福になる、ウェルビーイングになるためにはどうするか、ということが軸ですね。真ん中に利他主義の『利他』という軸が太い幹としてドーンとあり、利他の発現としては平和と幸福がある。ここはズレないです。そこからレイヤーを少しずつ下がっていくと、例えば日本の構造的問題、業界の構造的問題、大きな利他に対して困っている国や業界の具体的な問題があり、これをずっと調べ続けていきシステムシンキングで構造理解をしていくと、なるほどこれがボーリングのセンターピンかというものが見つかります。それからそのセンターピンを倒しに行くという段取りになる」。

投げる弾が一発しかないと思ったら、絶対にセンターに当てないとストライクが取れないので、そのセンターピンはどこなんだと、構造理解した後に探して探して、これだと決めるのだそうです。

「ウェルビーイングやピースというのは全くブレることなく中心にしっかりとあります。ずっと利他でやっていくぞと。

LivingAnywhere Commons は、最近のトレンドである中央集権から自律分散の形ですか、との問いに井上さんは次のように答えてくれました。

「『土の人』と『風の人』と呼んでいるのですが、『土の人』は土着でずっと同じ場所がいい。畑を耕していたいという人。『風の人』はふらふらと遊牧民のノマドのように行きたい人。これは人によって好みが違うので、ご自由にどうぞというスタンスです」。

定住人口から交流人口や関係人口にシフトしていくという堅い議論にしていくのではなく、もっと色も匂いも伝わる感覚的な発想です。

「どちらかを選ぶだけじゃなく

て、まぜこぜで、冬はずっとなぜかノマドだけど、春から秋にかけては定着してやりたいな。それもどうぞどうぞと自由に選べるようにする。ウェルビーイングに効くのは、選択の自由があるかないかだと思っているので」。

なるほど、住む場所も進路もいろいろと選びたいものを選べる。とても自由。

質の良い情報を集中させる

情報の一方通行性を問題とした井上さんには、質の良い情報がたくさん集まるようになってきます。きっと、そのことにとても努力しているはずだから。そうなると社内はもちろん、外部の組織ともプロジェクトごとに理念を一致させれば共創関係を結びやすい。社内と外部にイノベーションの芽をたくさん生み出す関係を作れるわけです。

不動産関連といえば、どうしてもドメスティックなビジネス展開が予想されるのに、井上さんは、海外展開も積極的に行っています。

「最初は結構単純に、旅行するときにはBooking.comやHotels.com、アゴダにトリップアドバイザーもあるし、便利だよね。エアラインも全世界の会社を選べる。投資信託も今は全世界の８０００銘柄をスマホで買える。このようにみんな繋がっているのに、住まいを選ぶときだけは、ドミナントで、あるいはグローバルで、と探すこともできないし、言葉の壁もある。例えば今からバンコクに住むと言っても、どこに住んだらよいのかも全然わからない。世界中の住まいの情報を全部統一されたプラットフォーム上に集めたかったのです。

世界のプラットフォームもそこまでやってる会社がないので、最初にそれを作ろうと思ったのがスタートだったのですが、クロスボーダーで住み替えをする方が５％から10％ほどいるのですね。その「自分が住む」という実需のサービスがまず一つ。そして、もう一つは、これは後から思いついたのですが、不動産を小口の金融商品化して、あたかも世界中の株式や投資信託を買うように不動産本位制の証券を買うことができないか。ＮＦＴデジタルトークンを使って南アフリカのホテルを一口１００ドル分だけ買う、みたいなことができるようにしようとしてるところです。

ウズベキスタンのマンションを１０００ドル分買うとか、ガラパゴスに新しい民泊ができたので、５００ユーロ分買うとか、世界中の不動産に分散投資ができるようにして、リスク分散しながら世界

井上さんが共創する組織

２０１４年　一般財団法人 Next Wisdom Foundation 代表理事

地球を思い、自然を尊び、歴史に学ぼう。より良い未来を創造するために、世界中の叡智を編纂する。２０２３年３月に発展的解消をし、現在は特定非営利活動法人ミラツクに事業を合流。

Trovit Search, S.L.U. Chairperson(現任)

Trovit Search SL はオンライン検索エンジンを運営している。

２０１６年　一般社団法人 新経済連盟　理事（現任）

現在の技術やサービスの限界に縛られず、来たるべき未来の社会経済の姿を構想し、提示していく。

一般財団法人 LIFULL 財団（現公益財団法人 Well-being for Planet Earth）評議員（現任）

国内外の Well-Being に関する研

LIFULL　アジェンダ

LIFULL では、個人が抱える課題や、その先にある世の中の課題を発見し、事業によるアクションやオープンイノベーションなどを通じて社会課題を解決するために、取り組むべき目標である「LIFULL アジェンダ」を作成しました。LIFULL アジェンダでは社会課題の本質を捉えるために、n=1（一人ひとり）に目を向けているので、一人ひとりの当事者を主人公とし、そのキャラクターの社会課題が解決した未来の姿を描いています。

究開発活動への助成を通じて研究者を支援することで、Well-Being の発展に寄与する。

2019年　一般財団法人
PEACE DAY 代表理事（現任）

争いのない平和な世界を実現する。

LIFULL CONNECT, S.L.U.
Board member（現任）
不動産アグリゲーションサイト
世界圧倒的 No.1 企業。

世界64カ国で不動産・住宅、求人、自動車、のアグリゲーションサイトおよびポータルサイトを運営しており、年間来訪者数は20億人に迫る。

2021年　一般財団法人
ナスコンバレー協議会
代表理事（現任）

ナスコンバレーは、21世紀型社会に求められるソリューション（エコシステム、サービス、製品）の共創・実証実験・社会実装の場である。社会・社会人・市民を中心に、未来社会の現実解となるソリューションを共創していく国内最大規模のリビングラボである。

国内最大規模の広大な実証実験フィールド ナスコンバレー

中から不動産に基づく収益が入ってくる仕掛けです。ドルや円、ユーロですと為替の問題がありますが、NFTですと世界中をトークンで行き来するので、為替リスクもヘッジできて、手数料もすごく安価にできるので、何としても実現しようと準備しています。これも今の世界には、ないサービスなんですよ」。

なぜそのような発想が生まれたかと言うと、日本の家屋の不動産価値の特殊性にあると言います。

「僕らが日本でちょっと郊外の一戸建てを買うと、今では大体買った金額の半値ほどになってしまう感じですよね。35年間、爪の先に灯をともすようにローンを払い続けて、ようやく払い終えて自分のものになったと思ったそのときに売ると、例えばトータル5000万円支払ったものが2500万円ほどに半減しているわけです。

これは、必ず資産価値が下がる投資商品を買っているようなもので、諸外国ではそのようなことはないわけです。ずっと下がり続けるのは日本だけです。だとしたら、日本で家を買うよりは、世界で分散投資をしておいて、そちらから入るお金で住みたいときに住みたいところに賃貸で住んだ方が、よほど人生の資産ポートフォリオが健全だと思うのです」。

世界の質の良い不動産情報が井上さんに集中すれば、色々なアイデアが集まり、この様にイノベーションの芽がたくさん生まれてくる訳です。

常にチャレンジし続ける

渋沢栄一は、実践の人であったと言われます。勉強や見聞で得た知識を実践することによって、本当の知恵や教養に変えていきました。井上さんも、常に目の前のことを大切にして革新的にチャレンジするとおっしゃっているように、実践することによって、彼の素晴らしいアイデアが生まれてきたのだと思います。

「ThinkerなのかDoerなのかという考え方で言うと、僕はもう完全に起業家で、実践して形作って、どれだけの人がどれだけ喜んでくれるかがという成果にこだわり続けてきたDoerなんですね。こういうふうにしたら実現できるかな、といつもどうしたら実現できるのかということばかり考えている」。

井上さんの好きな言葉に、薩摩の教え・男の順序がある。一つ、何かに挑戦し成功した者、二つ、何かに挑戦し失敗した者、三つ、自ら挑戦しなかったが挑戦した人の手助けをした者、四つ、何もしなかった者、五つ、何もせず批判だけしている者という順番です。

「1番目に偉いのは挑戦と成功。2番目に偉いと言っているのは、挑戦と失敗なんですよね。そう、ここで言っているのはチャレンジする機会においては、『成功しなさい』ではなく『失敗してもいいからやれ』ということなんです」

井上さんは、志を同じくする人たちと共に、那須に21世紀型社会に求められるソリューションの実証実験や社会実装を実際に試す場所を作ったそうです。

「那須高原にある東京ドーム１７０個分の広大な私有地を活用し、その地にナスコンバレー協議会というものを作り、そこで限界費用ゼロ社会というものを実現してみようという計画をしています。限界費用ゼロ社会というのは、ＡＩやロボットで人の働き方が劇的に変わると思うので、これから10年、20年すると働かなくてよくなると思うのです。働く時間は、週に5時間、10時間ぐらいで十分で、でもそうなると当然収入は減りますから、今のうちに生活費を10分の1にしておくという技術開発と社会実装をやりたいわけです」。

ナスコンバレーでの公開ミーティング

ナスコンバレーで開発されるプライベートサウナ

限界費用ゼロ社会は、世界平和も実現できると言います。

「エネルギーは、現在おそらく発電効率が30%ぐらいだと思いますが、これが太陽光がもっと効率的に活用できるようになり、様々なテクノロジーの進化で40%、50%、60%となっていったときには、もはや化石燃料を必要としない。電気がただで手に入り社会が実現できます。水も空気中から飲料水が取れます。これからは一切変動費のコストはかかりません。最初の機械を買うための初期投資と、あとはフィルターのメンテナンスなどが必要ですが、今払っているような水道代や電気代などというものは要らなくなる。食料も自前で全部１００%賄うことができる。しかもコストは今までの10分の1。教育も無償化し、住居費も10分の1にしていき、通信も無料、医療も劇的なテクノロジーの進化で非常に重篤な心臓病でも遠隔で治療ができるようになっていくと思います。そうすると争いの種がなくなり、戦争してもＲＯＩが悪い状態になるので、そもそも指導者たちは戦争をしても犠牲の方が多いから、やめておこうとなる」。

ナスコンバレーの挑戦

ナスコンバレーは、そんな社会づくりの一歩を踏み出しているといいます。

「今まですごくかかっていたコストが劇的に下げられるようにテクノロジーが進化してるので、だから僕は奪い合うよりも、潤沢にありすぎる状態でそもそも何で戦うの、というぐらいの状態を作りたいんですよね。これはかなり長期での取り組みになりますし、1社ではできないので、そこで70社以上の会社に参画してもらいスタートさせ、現在40弱のプロジェクトが進んでいます。これが僕が考えている、社会を根本的により良い方向へ革新させるシナリオです」。

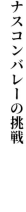

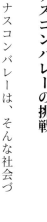

柏物産株式会社代表取締役社長・陳熹氏に聞く

義と利の両立、でも義を優先する

中国人留学生として日本で起業し、ビジネスの世界で成功を収め、数多くの記録を作り出してきたのは柏物産株式会社代表取締役社長の陳熹氏。公益のため多額の私財を寄付したことにより二度も紺綬褒章を受章された。これは在日華商としては初めての快挙となる。起業のきっかけや経営理念、社会貢献等について語って頂いた。

文／『和華』編集部　写真提供／陳熹

陳《ちん》 熹《き》（日本名：松坂喜一《まつさかきいち》）

1963年、中国福建省生まれ。千葉大学農学修士課程修了。柏物産株式会社代表取締役社長。日本黄檗文化促進会理事長、日本中華総商会常務副会長、福州大学日本校友会会長、日本福建経済文化促進会名誉会長等を務める。
受章歴：紺綬褒章 (2017年と2020年、計2回)

Q：日本で起業されたきっかけをご紹介いただけますか。

A：1992年、私は修士1年生の時にビジネスを始め、3年間は繊維製品を扱い、その後、食品業界に転向しました。中国の新鮮なシイタケを日本に輸入することに商機を見出したのです。

特に福建省の古田地区ではシイタケが豊富に生産されています。当時私はシイタケの日本輸入業界においては新参者でしたので、まずポイントを二つに絞りました。第一に製品の品質、第二に輸送規模です。当時上海から日本への便を運行していたのは中国東方航空だけで、輸送能力は限られていました。より多くの製品を日本に向けて輸出するよう尽力した結果、次第にその規模も大きくなっていき、ようやくビジネスが軌道に乗るようになりました。

Q：経営理念と事業内容は何でしょうか？

A：弊社の経営理念は、企

業の誠実さを基本とした品質第一主義です。さらに義と利の両立、義の優先を掲げています。

　当社は農産物の輸入を主とし、福建省に2つの大型補助食品加工企業を設立しました。福建省の企業は日本の厳格な食品輸入基準を厳守し、毎年2000トン以上にも上る数十種類の食用きのこなどの健康食品を日本に輸出しています。主要製品は日本の同類製品市場の15%のシェアを占め、「グリーンブランド」を作り上げました。

　会社設立から30年余り、私たちは在日華商における食品経営のいくつかの記録を作りました。

　たとえば、中国の新鮮なライチを初めて日本に輸入して、楊貴妃の「口福」を多くの家庭に届けました。また第1陣としてシイタケを筆頭とした中国の新鮮かつ安価な野菜や果物を日本に輸入して、日本人の食生活を豊かにしました。さらに中国で加工された即席おつまみの第1弾「ピリ辛メンマ」が日本国内のスーパーの棚に並び始め、同種製品の単品販売としては売上ナンバーワンになりました。

企業の誠実さを基本とした品質第一主義、義と利の両立、でも義を優先。

福建建甌工場

福州工場

Q：会社経営の傍ら、黄檗文化促進会の理事長も務められています。黄檗文化の促進活動にはどのような経緯で関わるようになったのでしょうか。

A：黄檗文化の普及には数年前から携わっています。かつて黄檗文化を日本に伝えた隠元禅師は、私の故郷である建省福清出身の人なのです。日本に来る前ですが、私は福清の黄檗山万福寺にも行ったことがあります。来日後には、日本の京都にも黄檗山万福寺があることを知って、そこを訪れたりもしました。黄檗文化の普及活動に携わることは、私にとって大変有意義であると感じています。

　黄檗文化は宗教としてだけでなく、文化的にも大きな意味を持っています。隠元禅師は、書道の達人でありながら仏教の文化を日本に広め、インゲン豆や煎茶道、さらには印刷技術等など、当時中国

千葉県柏市の仏教寺院「天台宗善宝山天照院」に2500万円を寄付

の最先端技術を日本に持ち込んだ開拓者でもあります。その活動は社会全体に大きな影響を与え、今日の日本文化の根幹を為すといっても過言ではないでしょう。黄檗文化についての研究は仏教だけでなく、日中文化、技術交流を語る上で非常に重要なものです。

２０１５年以来、私は日本国内の先頭に立って、一般社団法人黄檗文化促進会を設立しました。私と福清黄檗文化促進会の林文清会長は共に、黄檗文化のさらなる発展を目的として、隠元禅師の功績を広めようとしました。それらを紐帯として、華僑をコミュニケーションの架け橋とした、中日両国の文化交流と民間の友好的な往来を推進していきたいです。

Q：黄檗文化促進会ではどのような活動をされましたか？

A：２０２０年初頭、中国で新型コロナウイルスが発生した際、私たちは中国にマスクを寄付しました。また３月に日本で新型コロナが蔓延した際には、中日両国の黄檗文化促進会を組織して、日本に7万個のマスクを寄付しました。これは当時、日本国内において中国の民間から寄付を受けた最初の防疫物資の一つであり、中日主要メディアの注目を集め、大きく報道されました。

ここ数年、私たちは中国福清黄檗文化促進会と共同で、様々な交流活動を行っています。たとえば日本のランドマークである東京タワーの「大晦日レッドライトアップ」や中日黄檗文化交流大会、「隠元禅師と黄檗文化」フォーラム、「一脈相承黄檗文化芸術展」、「黄檗印象」撮影文化展、「隠元禅師と黄檗文化」テーマ展等々。中日の観光部門や旅行会社が共同で黄檗観光ルートなどを企画し、隠元禅師の精神を広めて黄檗文化を伝承し、両国民の文化理解を深め、お互いに文化を学び合うといった面で喜ばしい成果を収めました。

2020年、黄檗宗大本山萬福寺へ７万個のマスクを贈呈

また、２０２２年には黄檗宗祖隠元禅師３５０年大遠忌を迎えました。この記念すべき節目においては、黄檗文化促進会の呼びかけによって黄檗宗大本山萬福寺記念行事募金活動を行って、在日華人の９の団体ならびに２５３人の個人から総額約１８００万円を萬福寺に寄付しました。

　これらの活動を通じて黄檗文化の影響をより一層高めて、人々の心を通わせた結果、両国関係を健全に発展させることに寄与できたと考えています。

Q：黄檗宗だけではなく、天台宗のお寺にも寄付されていますね。

A：私自身、幼い頃から両親の影響を受けていたためか、仏教文化に対してずっと関心を持っていました。しかしながら、その時点で私自身はいかなる仏教宗派にも属しておりませんでした。ところが２０１６年、私の会社の顧問が千葉県柏市の仏教寺院「天台宗善宝山天照院」の建設プロジェクトに参加したことをきっかけに、２５００万円を寄付しました。新時代の華人が日本の寺院に寄付するのは初めてのことでした。その後、また別のきっかけでスリランカのお寺に２０００万円を寄付して、信者研修センターを建設しました。

Q：慈善家として近年教育分野にも大きく貢献されていますね。

A：教育に投資すれば、その教育を受けた人からいずれ多くの人に恩恵がもたらされると私は思っています。２０１４年、母校の中国福建省の福州大学、私の出身学部である生物科学と工程学院設立35周年記念日に「福州大学柏物産学術交流センター」研究棟を建設するために、人民元２００万元（約４０００万円）を寄付しました。２回目は２０１８年の学校創立６０周年にあたる年、学校の地質公園（ジオパーク）と梅園を建設するために、１５０万人民元（約３５００万円）を寄付しました。

　貧しい子供たちへの支援活動としては、２００５年から福建省建甌市と松渓県の現地工場を設立したと同時に開始しました。子供たちの奨学金と生活補助のために、毎年５～１０万元（約１００～２００万円）ずつ寄付しています。その他の地域としましては、湖南省湘西自治州の貧しい学生たちへの資金援助も行っています。

　教育と知識は人生の道を広げる基礎であり、中国では教育面の政策がまだ万全ではないため、私自身も微力ながら、今後も尽力していくつもりです。何より、子供たちが授業料や書籍費用などの理由で教育が受けられない悲劇を、これ以上増やしてはいけません。

Q：公益活動に熱心に取り組まれ、複数の団体に携わっておられるそうですね。これらの社会的役割のバランスはいかがですか？

A：確かに、様々な団体に関わらせてもらっていますね。以前になりますが、福建経済文化促進会の会

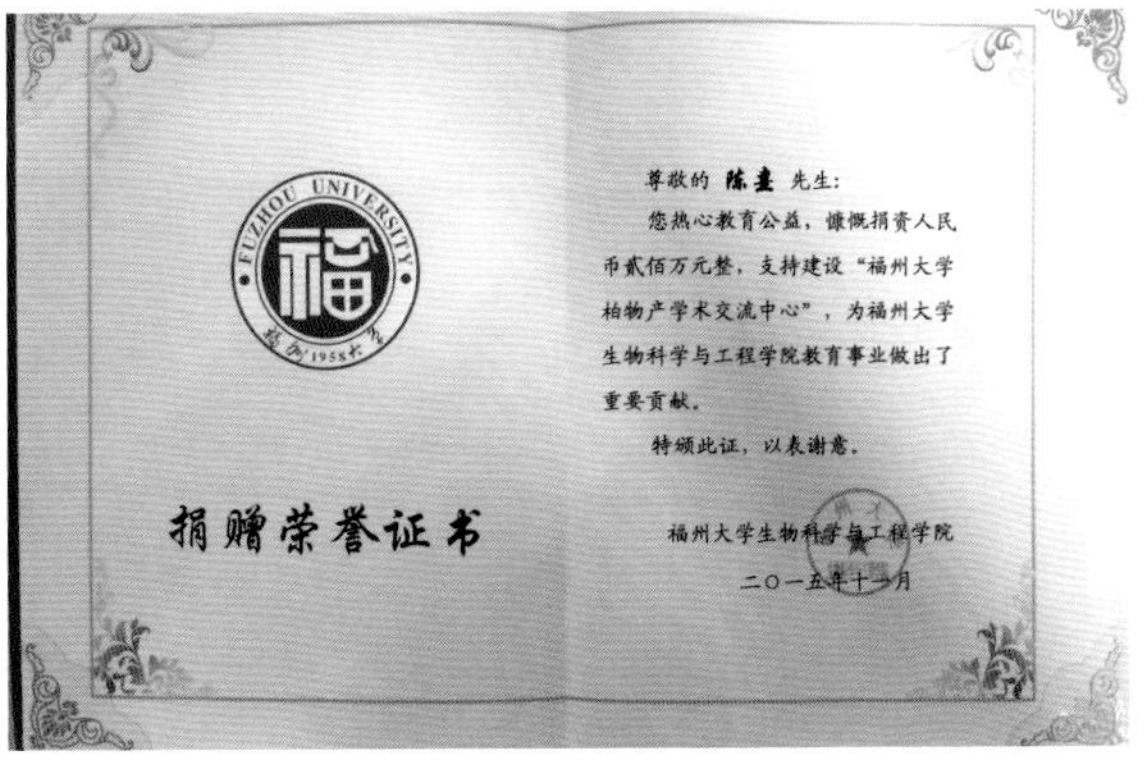

尊敬的 陈圭 先生：

您热心教育公益，慷慨捐资人民币贰佰万元整，支持建设"福州大学柏物产学术交流中心"，为福州大学生物科学与工程学院教育事业做出了重要贡献。

特颁此证，以表谢意。

福州大学生物科学与工程学院

二〇一五年十一月

捐赠荣誉证书

左上：母校福州大学火山地質公園の建設に150万元（約3500万円）を寄付
右：福州大学柏物産学術交流センターの研究棟建設に4000万円寄付
左下：福州大学柏物産学術交流センターからの寄贈証書

陳熹氏が寄付した千葉大学「柏物産国際交流会館洗心倶楽部」再建完成

日本国天皇は松　坂　喜　一に
公益のため多額の私財を寄附した
ことについて紺綬褒章に付する
飾版一個を授与する

令和二年九月三十日
内閣総理大臣　菅義偉

内閣府賞勲局長　小野田壮

第二〇二七五三四号

公益のため多額の私財を寄付したことによって２回も紺綬褒章を受章

「柏物産国際交流会館洗心倶楽部」再建完成式典

長を務めさせていただいた時は、我ながらなかなか革新的な企画をしました。第3回年次総会の時になりますが、日本の豪華なホテルで開催したのです。当時、在日中国人の間では、中華料理店で総会を開催する習慣になっていました。ほとんどの中国人や新華僑は、それまで正装をして高級ホテルに行ったことがなかったのです。その意味で先駆者となれたことは良い試みだったと自負しています。

Q：社会貢献活動が評価され、二度にわたり天皇陛下より紺綬褒章と褒状を授与されました。この栄誉についてどのように感じられていますか。

A：紺綬褒章を頂いたことにつきましては、私にとってまさしく「青天の霹靂」でした。きっかけは2016年になります。母校の千葉大学を訪れた際、学生時代によく利用していた会館「洗心館」が地震で倒壊してしまったことに始まります。とても残念に思い、再建のために5000万円を寄付しました。その結果、「柏物産国際交流会館洗心倶楽部」が松戸キャンパスに建てられました。

　2018年、千葉大学の農学部の図書館を建設する予算が不足しているということを知り、さらに1000万円を寄付したことによって、図書館は無事に完成することができました。もちろん寄付にあたって、見返りや栄誉を得ることは一切考えていませんでしたが、結果として千葉大学から推薦され、紺綬褒章の受章となりました。

　これらの寄付活動を表彰するために2017年4月29日と2020年9月30日の二度にわたって、天皇陛下より紺綬褒章と章記を正式に授与されました。章記には「日本国天皇は公益のために多額の私財を寄付した松坂喜一（注：私の日本名）に紺綬褒章を授与する」と書かれており、極めて珍しい日本国璽が押されています。私はこの章を授与された唯一の在日華商です。

大変光栄とは存じますが、私としては、自分の名声よりも社会のために意義のあることが出来たこと自体がとても喜ばしいと考えております。

Q：福建では有名な企業家が輩出して、福建商人の特徴は何だと思われますか？

A：助け合うことは、福建省福清市商人の伝統です。福建省は田畑がないので、皆、海外に出て生計を立てなければなりませんでした。外に行くと、もし料理店を開きたいのであれば、福清の同郷に教えを請えば誠実に指導してもらえるだけでなく、ひょっとすると創業資金の面倒まで見てくれることもあるかもしれません。熊本地震の際、在日の福建省同郷人は一晩にして700万円以上もの義援金を集めて、被災地に寄付しました。

2018年、世界傑出青年華人経営者賞を受賞

私は自分の持てる資源や資金を、できるだけ社会の幸せのために共有したいです。

中国人はよく「窮則独善其身，達則兼済天下」（貧窮したなら1人その身を修養し、栄達したなら天下を救済する。孟子の言葉）と言います。日本資本主義の父である渋沢栄一も『論語と算盤』の中で、経済と道徳の両立を説いています。人が生きていくのに一番大切なのは、社会に貢献することなのではないでしょうか。

自分の力の及ぶ範囲で人を助けることができれば、私にとって幸甚の至りです。私は自分の持てる資源や資金を、できるだけ社会の幸せのために共有したいと考えています。

お金は銀行に置いておくだけではあまり意味がありませんが、図書館や学校、寺院などの公共施設に活かすことができれば、より多くの人々がこの資源を享受することができます。知識も大切な資源です。私も自分の知識を活かして書籍や漫画などを編集していますが、より多くの人々と共に分かち合いたい一心に他なりません。

Q：今後の展望についてどのように考えられていますか？

A：自分を成功者だとは、私は決して思っていません。もちろん努力もしていることを否定はしませんが、私よりも一層努力し向上して、成功している方もたくさんいらっしゃいます。ただ、自分の努力が社会に認められ、栄誉を得られたことについては、とても感謝しています。

今後は、まず健康を維持して、出来る限り旅行に行きたいと思います。あとは会社の経営者として尽力していきたいと考えています。

そして、これからは執筆活動を行いたいと思っています。中国国内では、私は『中国食品工業報』の記者として『中国食品工業年鑑』を書いたことがあります。今、描いている夢の一つとして、黄檗文化と日中文化交流に関する本を上梓することですね。

林《りん》立《りつ》

1967年、中国浙江省温州市生まれ。1990年に日本に渡り、2000年に株式会社興和インターナショナルを設立。2001年に日本温州総商会を創設して会長に就任、2013年には日本浙江総商会を設立し、2023年9月まで10年間会長を務め、今は顧問。その他：全日本華僑華人団体連合会副理事兼常務副会長、日本中華総商会常務副会長、日本浙江僑団連合会会長、浙江省貿易促進会東京首席代表、日本華文教育基金会会長なども務める。

株式会社興和インターナショナル代表取締役 CEO・林立氏

歩みを止めず、日本の華文教育の新たな領域を切り拓く

文 /『和華』編集部　　写真提供 / 一般財団法人日本華文教育基金会

23年前、浙江省出身の実業家である林立氏は日本で靴の販売を始めた。高品質の製品とサービスにより、会社は急成長し、林立氏はさらに多くの時間とエネルギー、お金を社会公益活動に費やした。近年、「日本の華僑華人の子供たちのために何かをする」という精神に基づき、彼は華文教育を積極的に推進している。社会公益活動の道を進む林立氏は、今後も歩みを止めることはない。

Q：日本で起業されたときのことをお話いただけますか？

A：私は浙江省温州市出身で、この地域は中国の靴の中心地として知られ、5000以上の靴工場があります。温州の紳士靴と女性用靴は世界中に販売され、世界最大の靴業界を誇っています。23年前、私は日本で靴業を主力事業とする会社を設立しました。

起業したばかりの頃、私は日本市場が存在するかどうかをよく知りませんでした。そのため、温州の実業家の伝統的な営業方法によって、靴関連の日本企業に1000通以上のビジネスレターを送りました。約1カ月後、実力のある日本企業から連絡がきました。それが私の最初の顧客となり、事業も次第に軌道に乗りました。その後、その企業の経営がうまくいかなくなったため、私はその企業を買収しました。

20年以上前は、温州で靴を購入するために日本から来る人はまだ多くはありませんでした。弊社の製品は

徳島産・天然染料「藍」で染め上げた「天然本藍染革」を贅沢に使い、革靴職人の伝統技術で作られたスニーカー

安い値段ではなく、優れた製品とサービスの品質こそが、顧客の信頼と評判を勝ち取ることができる。

品質が保証されているだけでなく、価格も手頃であり、多くの日本の顧客から歓迎されました。最初は卸売業者を通じて市場に進出しましたが、事業の拡大に伴い、私たちは直接小売業者と取引するようになり、5年後には温州でサンプルを製造するための工場を設立しました。

　二つの取引企業が破綻し、一部の資金を回収できなかった経験があるものの、全体としては長年にわたり会社は比較的順調な経営状況でした。現在、弊社の製品は価格に頼らず、完全に品質でお客様の信頼を勝ち取っています。私たちの製品は１００％日本市場向けであり、日本の品質基準を厳守し、高品質の製品を持続的に供給できるため、クライアントは安心して取引できます。

Q：温州の実業家として、中国の他の地域の実業家と比較してどのような特徴があると思われますか？

A：私たち温州人は福建人と類似しており、土地が少なく人口が多いという点で共通しています。そのため、自分の力で生きる必要があり、外部でビジネス機会を探すことが多いです。そのため、温州人は非常に開拓的な性格を持っており、現在、温州の靴は世界中で販売されています。歴史的には、晋商、徽商、寧波の実業家が有名でしたが、温州の実業家は存在しませんでした。温州の実業家は、中国の改革開放とともに成長しました。

　温州地域の人口は９００万人くらいであり、全国各地には約２６０万人の温州人が住んでおり、ほぼどこにでも温州商会が存在しています。さらに、海外にも70万人以上の温州人がいます。温州の実業家は、自分たちの故郷の近くではなく、全国、さらには世界中でビジネスを行っていると言えます。これが温州人の特徴です。

　また、温州人はビジネスチャンスを敏感に捉え、小さな取引を大規模な取引に発展させたり、小さな商品を大規模な市場に変えたりする能力があります。これは「四千の精神」に支えるお

ゴルフは林氏の趣味

第十回全日本華僑華人ゴルフ団体試合

2023 年に日本浙江総商会十周年記念・中秋節パーティー

千山万水を歩き、千言万語を話し、千方百計を考え、千辛万苦を乗り越える。

かげでもあります。「四千の精神」とは、「千山万水を歩き、千言万語を話し、千方百計を考え、千辛万苦を乗り越える」という意味です。

Q：どのようなきっかけで各種の社会活動や公益事業に参加されることになったのでしょうか？

A：社会活動への参加は、2000年に日本温州総商会を共同で設立したことから始まりました。海外の華僑華人には、情報を共有し、団結して発展するためのプラットフォームとコミュニティーが必要です。そこで、私たちは日本温州商会を共同で設立し、私は3代目の会長を務めました。

　2013年には、日本温州総商会をベースに、浙江総商会を設立し、初代会長を務めました。浙江総商会は、日本と浙江省とのビジネスの架け橋を構築し、友好関係と経済交流を促進することを目的とした非営利の華僑団体です。主要メンバーは日本で事業を展開している浙江省出身の華僑で、浙江省で生活し、学び、働いた経験のある人々や、浙江省の発展に関心を持ち、浙江省で投資や起業を検討しているビジネス関係者などが会員となっています。2023年9月、10年間の会長職を終え、新しい会長にバトンを渡し、顧問になりました。私は浙江総商会が個人のものではなく、100年の歴史を持つ華僑団体として存在することを望んでいます。

　幸いなことに、この10年間、浙江総商会は非常に結束力があり、ほとんど内部の対立がなく、みんなが力を合わせて総商会の発展を推進してきました。私たちは「浙江の夜」や中秋節・国慶節のイベント、日本の華人華僑団体カップゴルフトーナメント、リレーマラソンレース、静岡県と浙江省の友好交流イベントなど多彩な活動を企画し、総商会メンバーの企業を中国義烏国際輸入商品博覧会に参加させるなど、多くの活動を実施しました。

　浙江総商会は主に日本と浙江省の交流に焦点を当てていますが、各地の地方の

上：在日華僑華人の青少年が黄檗宗大本山の寺院・京都の「萬福寺」で見学する様子
下左：内山書店で魯迅とのゆかりの話を聞く子どもたち　　下右：2023年福岡で中国ゆかりの地を見学する「読行会」

華僑団体が地域との交流を積極的に促進すれば、非常に強力な力になると信じています。

Q：なぜ日本での華文教育に熱心なのでしょうか？

A：どこへ行っても、華僑と華人は心の奥に故郷の種を持ち、中国文化の刻印が押されています。海外での華文教育は、中華文明を継続させる重要な役割を果たしています。

なぜ日本での華文教育に関心を寄せているかというと、私自身の子供たちの教育に関係があります。日本で生まれた多くの華人の子供たちは、親が中国人であるにもかかわらず、母国語の中国語を話すことができないという深刻な課題があります。

言語は文化の伝達手段であり、次世代の「華人2世」「華人3世」が中国文化を理解し、母国語である中国語を話すために、そして中国という国を彼らの心に根付かせるために、2022年に私は一般社団法人全日本華僑華人団体連合会（以下、全華連）を通じて一般財団法人日本華文教育基金会（以下、基金会）を設立しました。基金会は「日本の華文教育事業を促進し、中華伝統文化を継承し、日中の若者や国際的な若者の文化交流を推進する」ことを目指しており、日本の華僑華人と社会の支援を求めています。私たちはさまざまな活動を多数開催し、多くの資金を集めるために様々な方法を工夫しています。

Q：基金会設立後、華裔青少年向けにどのような活動を行われましたか？

A：コロナ禍の期間中、毎月オンラインで「中華大講堂」を開催し、専門家講師を招いて中国文化について紹介しました。合計24回、1000人以上の子供たちが参加しました。2022年には、児童華僑新聞社と共同で『少児僑報』を発行し、月に2000部以上を中国語関係の学校や団体に寄付し、親子の教育のための教材を提供しました。

① ③ ②

①華文教育基金会が主催した「2023年東京国際青少年美術展」②「国際青少年スピーチコンテスト」に協力 ③『少児僑報』の発行に協力し、在日華僑華人青少年向けの中国語読物を充実させた

２０２３年１月、私たちは埼玉で「東京華僑華人青少年春節公演」を共同で開催し、保護者と子供、出演者を含む観客が２０００人以上参加し、多彩な芸術形式を通じて華裔青少年が中華伝統文化に対する理解を高める機会を提供しました。さらに、東京、大阪、福岡、沖縄など日本各地で開催された国際青少年中国語スピーチコンテスト、中国語朗読大会及び各種の中国文化芸術公演等のイベントをサポートし、スポンサーとして協力しました。

２０２３年からは、基金会は青少年向けの野外読書会「読行会」（「読万巻、行万里路」）を導入し、これまでに５回の活動を行いました。子供たちを中華文化に関連する日本各地の史跡や名所に案内し、実地見学を通じて彼らに中華文化が日本でどのように伝えられ、継続しているかを理解させ、身の回りの中国を発見し、文化への理解を高める機会を提供しました。基金会の現在のすべての活動は、日本の華僑華人の親たちの華文教育に対する関心を高め、親と子供たちが華文教育活動に参加するための良い雰囲気と環境を作り出すことを目指しています。

Q：日本華文教育基金会の将来の展望をどのようにお考えですか？

A：基金会は中華文化の普及と華文教育の発展を大切にしています。日本の華文教育の品質向上のため、華文教師の研修、華文教材の開発、華文学校教育環境の改善、奨学金の設立などの

2023 在日華僑華人青少年春節公演に協力する

華文教育を通じて、「中国」のことが日本の華僑華人の子供たちの心に根付くことを願っている。

方法を通じて取り組んでいます。具体的には、基金会は10年以内に1つの華文国際学校の設立、10の公益専門基金の設立、100の華文活動の支援、1000人の優秀な華文教師と生徒に奨励金の提供、50万部の『少児僑報』の無料配布を行う予定です。

その中で、華文国際学校の設立は私たちの最終目標です。現在、日本にはわずか5つの華文学校しかありませんし、そのうち3つは台湾からのものです。100年前の華僑は5つの学校を建設できましたが、今日の中国華僑は日本での経済力と影響力が大幅に向上しているにも関わらず新しい華文学校が存在しないのは非常に残念です。私たちはこの空白を埋めたいと考えています。

Q：会社経営と社会公益活動の間でどのようにバランスをとられていますか？

A：会社の運営は順調に進んでおり、現在週に一度しか会社に行かず、ほとんどの時間とエネルギーを社会公益活動に費やしています。浙江総商会、基金会、そして全華連の活動には多くの時間とエネルギーが必要です。個人的に書道と篆刻が好きで、新しく設立した東京印社を通じて文化交流活動を行いたいと考えています。

私にとって最も重要なのは基金会の活動です。華文教育の事業を推進していきたいと考えております。お金や労力、時間をかけても華文教育に焦点を当て、華僑の次世代に向けて華文教育を推進することは、将来のために重要なことだと思っています。

この分野に関心をもっている人はまだ多くありませんが、同じ志を持つ人々がこの事業を共に進めることを期待しています。将来的にはみんなの力を合わせて、基金会が華僑華人のコミュニティーと密に連絡を取り合い、日本の華文教育事業の発展に新たな貢献を果たしたいと強く思っております。

山西省晋中市楡次区にある常家荘園は、「儒商の名門」と言われる明清時代の常氏一族が建設した邸宅建築群である。一族は中国とヨーロッパ間の茶の貿易で富を築いた。元々の面積は60万平方メートル、4000余りの部屋と50軒余りの2階建て家屋があり、園林は13カ所もあったという。写真／CTP

中国の商幇文化

文／『和華』編集部

中国の封建時代には日本と同様「士農工商」という言葉があり、「農業を重視し、商業を軽視する」という伝統的な価値観が根強く存在していた。社会環境の制約から、商人たちはより良い発展と生存のために、しばしば故郷や血縁関係の結びつきを利用して集会を行う会館やシンボルとなる建物を持つ商業集団を形成し、「商幇《しょうばん》」と呼ばれる組織が生み出された。明清時代、中国には晋商、徽商、潮商という3つの最も有名で実力のある「商幇」が現れた。晋商と徽商は次第に衰退し、潮商だけが残り繁栄している。

また、現在では浙商（浙江商人）と閩商（福建商人）もゆっくりと台頭している。そして、潮商と並び、中国で地位を確立した3大商幇となっている。近年、中国富豪トップ10のうち、80%がこの3大商幇の出身者であると言われている。

晋商《しんしょう》

最も歴史が古い商幇

晋商《しんしょう》は山西商人とも呼ばれ、中国で最も早く登場した商幇であり、その歴史は春秋戦国時代まで遡ることができる。通常、晋商は明清時代（1368年〜1912年）の山西省の商人を指し、中国の商業界に500年にわたり君臨していたという。晋商は清朝時代に発展の最盛期を迎え、お茶の貿易と中国の票号（近代的な銀行が作られる前に中国に存在した金融機関）の為替業をほぼ独占し、国家に匹敵する個人財産を有し、中国で最も実力のある商幇となった。

晋商は中国史上初の茶馬古道を開拓しただけでなく、中国史上初の「共同株式制」の企業を創り出した。晋商の特徴は稼いだ金のほとんどを故郷で家を建てるために送金することで、これは「葉が落ちて根にかえる」というルーツに戻り先祖の名を揚げる意味であると同時に財力を示すものだった。晋商はまた、喬家大院や常家庄園、曹家三多堂といった有名な建築遺産を残した。

清朝末期には、晋商は外国資本による包囲攻撃や朝廷の締め付けにさらされ、次第に衰退して歴史の舞台から退場し、た。現代における代表的な晋商には、百度の創業者である李彦宏や鴻海集団の創設者である郭台銘などがいる。

徽商《きしょう》

儒商の代表的商幇

徽商は安徽商人のことを指す。元々の徽商は地元の特産物である桐油や茶、穀物、木材などを販売していた。後に、徽商は膨大な量の商品取引に従事し始めた。唐宋時代、徽商は竹、木、陶土、生漆などその土地の生産物の販売に加え、茶製品やさまざまな文房四宝（書斎に必要な四つの宝、筆・墨・紙・硯を指す）の商品も世に出し、徽商の発展を促進した。

明代中期から清代末までの三百余年は徽商の発展の黄金期であり、その人数、活動範囲、業種や資本どれにおいても全国の各商幇のトップを占めている。当時、商売は徽州人の「第一の生業」となり、成人男性のうち、商売は70％を占め、最盛期にはそれを上回った。

多くの徽商は儒学思想を経営指針とする。彼らは社会公益活動を通じて地元の人々の支持を得るのが得意だった。辺鄙で遠い地域の橋や道路を修繕したり、経済が遅れた地域の孤児院建設を援助したり、こうした慈善活動が徽商の社会的価値と商業価値を高度に融合させた。

戦乱の影響、さらに外国資本と商品の流入により、徽商も晋商と同様に没落の道を歩むこととなった。

胡雪岩が開業した薬局「慶餘堂」写真／CTP

潮商《ちょうしょう》

最も生命力がある商幇

潮商は潮州商幇または粤商とも呼ばれ、発祥地は南東沿岸の広東省潮汕地域（潮州、揭陽、汕頭、汕尾）である。唐の時代以後、この地域は海上シルクロードの重要な始発港として商業的な雰囲気にあふれた。潮商の多くは海外貿易に従事し、生計を立てるためにはるか南洋（現在の東南アジア一帯）まで海を渡り、「紅頭船商幇」、「東洋のユダヤ人」とも呼ばれた。清朝は鎖国政策を実施していたので、唯一合法的な対外貿易区域として、広州はアヘン戦争の前まで中国の対外貿易をほぼ85年間独占していた。そのため、潮商は徐々に強大な商業勢力となり、晋商、徽商と並ぶ中国の3大商幇となった。

潮商の思想と行動は「潮汕文化」に根ざし、「潮汕文化」とは伝統的な儒学思想と海外文化の結合であり、伝統的な儒学思想は潮州人の濃厚な儒学礼教思想を育成し、海外文化は潮州人同士の団結と対外的に独立した個性を形作った。潮州には儒学礼教文化が濃厚であるほか、多種多様な宗教の信仰も潮汕文化の特色の一つであり、「関公」、「媽祖」、「本土神」などの神が潮州人によって祀られている。

１９７８年、深圳は改革開放の「橋頭堡」となり、広東が先頭となり急速に勃興した。潮商はこの歴史的機会を利用して急速に発展し、多くの優れた商人と富豪を輩出した。潮商は華人の富豪ランキングでは常に半数を占め、二十数年連続で香港トップの富豪である長江実業グループ創業者である李嘉誠は、広東省潮州市潮安県に生まれ、傑出した潮商の代表人物である。

潮商は時代の流れに適応し、時と共に変化することができた。中国の近代史上、最も影響力があり生命力がある商幇である。現在に至っても、潮商は東南アジアや欧米で依然として大きな影響力を持っている。潮州人は世界に約４０００万人おり、そのうちの半数以上が海外で生計を立てており、世界の華僑総数の3分の1を占めている。最盛期には欧米、東南アジア、香港、マカオなどの地域の華人富豪をほぼ網羅していた。

長江実業グループ創業者・李嘉誠
写真／CNSphoto

浙《せっ》商《しょう》

中国富豪トップを何度も争った商幇

浙商は主に杭州、寧波、温州、紹興、金華など11の都市の商人を指す。唐宋時代から、中国経済の重心は南に移り、江蘇省と浙江省の地域は中国で最も発展した地域となった。明清時代、江南経済はすでに中国経済の支柱となっており、天の時、地の利、人の和及び各種の政治、文化、経済的要素が合わさって浙江商帮を後押しした。浙商の中でも湖州人の沈万三《しんまんさん》は元末明初の中国一の富豪だった。浙江省の独特な地理的・文化的環境によって、浙江省の中でも地域ごとに商人のタイプがさらに細かく分けられる。最も代表的なのが温商（温州商人）、甬商（寧波商人）、越商（紹興商人）、婺商（金華商人）である。

浙商は功利と仁義の両立を主張し、功利を捨てて仁義を語ることに反対し、浙江の地域の儒学思想の保護と継承に力を入れている。温州の商人は浙商の重要な代表であり、困難を乗り越える忍耐力、強い事業志向、卓越した創造力などのビジネス特性を示し、中国の現代企業家精神の典型的な代表となっている。寧波商幇は近代中国で影響力がある商幇であり、独自の「商文合一」と「尚文尚礼、崇信崇義」の地域文化を形成している。

現代において、浙江省は中国国内および世界の軽工業において影響力のある重要な地位を占めている。資料によれば、過去20年以上の間に、浙商は何度も「中国トップの富豪」の座を争い、それには宗慶後（娃哈哈食品グループの創業者）、馬雲（アリババグループの創業者）、丁磊（NetEaseの創業者）、陳天橋（Shanda Groupの創業者）などが含まれている。そのうち、馬雲と農夫山泉の創始者である鍾睒睒は一時的に「アジアトップの富豪」となった。

アリババグループ創業者・馬雲
写真／CNSphoto

閩《みん》商《しょう》

世界に広がる商幇

閩商は閩南商人の略で、主に福建省南部（泉州、厦門、漳州など）の商人を指す。福建省は「八山一水一分田」と言われ、省の90％以上が丘陵や山地である。このような地理的環境から、閩人（福建人）は海を生存の畑と考え、海上で生計を立てた。閩商は「開放、開拓」の精神で有名で、彼らは大胆で必死に頑張るからこそ勝てると信じ、「最も冒険心のある商幇」との誉があり、海上のシルクロードは閩商によって切り開かれたと称えられている。

「世界で人が集まる所には必ず中国人がおり、中国人が集まる所には必ず福建人がいる」と言われる。海外貿易と海外移民は閩商の2大特色となり、明清時代には閩商はすでに世界各地に足跡を残している。こうした海外で商売をする閩商は海の神、媽祖を保護神として、波に乗って勢いよく突き進み、世界各地に会館を建てて勢力を伸ばした。

「人と仲良く団結し、勇敢で義侠心があり、祖先と故郷を愛し、故郷に恩返しをする」というのが閩商の性格だ。海外に出た閩商は共に助け合い、団結して発展してきたのだ。

無数の閩商が海外で成功を収め、２０２１年に発表されたForbesの海外富豪リストにおいて、インドネシア、フィリピン、マレーシアなどの国の富豪リストのトップは、福建出身の人々である。

閩商で最も有名な実業家の一人は曹徳旺である。曹徳旺は福耀集団の創業者で、会社のガラス部門は世界最大の自動車ガラスサプライヤーとなっている。彼は多額の寄付を慈善事業に投じ、総額約１６０億元（約３２４０億円）の寄付を行い、「中国で一番の慈善家」と称えられている。

福耀集団創業者・曹徳旺
写真／CNSphoto

六本木・赤坂で採れた
『生はちみつ』はいかがですか？
ネットショッピングは
こちらから！
弊社ではSDGs事業の一環として屋上でミツバチを飼育しています。ミツバチは、はちみつをつくるだけでなく、多くの花を咲かせ、私たちが普段食べている農作物を実らせてくれる素晴らしい昆虫です。ミツバチからの恵みをぜひご堪能ください。
国産蜂蜜の国内流通量はわずか6%
100% PURE HONEY
TOKYO BRAND
六本木の生はちみつ
100% Natural pure honey, made in Japan.
NET 160g
SPRING HONEY
TOKYO BRAND
六本木の生はちみつ
100% Natural pure honey, made in Japan.
NET 50g
季節のはちみつ（大）：2,200円（税込）
季節のはちみつ（小）：1,100円（税込）
ミツバチ一匹が一生をかけて集められる
はちみつはティースプーン一杯程度。
ミツバチの命の一滴をあなたに…。
養蜂担当：SDGs事業部
深大寺養蜂園 杉沼えりか
SUSTAINABLE DEVELOPMENT GOALS
ASIA-PACIFIC TOURISM
弊社はミツバチを通じてSDGsの達成に向けた取り組みも推進致しております。

和華の「輪」

日中文化の魅力を
再発見する

waka

A Japan-China culture magazine

日中文化交流誌

通算25年中国駐在の元外交官・瀬野清水氏が語る

ニーハオペイチン! 北京は今

文・写真/瀬野清水

真新しい北京大興空港。下を歩く人影で建物の大きさが分かる。壁面には「祖国強大民族復興」の大きなスローガンが

私は2023年10月22日から24日までと11月15日から17日までの2回、いずれも中国日本友好協会の招きで5年ぶりに北京を訪れました。改革開放政策が始まった直後に、華南地方に5つの経済特別区(特区)ができた頃、あまりにも町の変化が激しいことを評して「市別れて三日なれば刮目して相待すべし」という言葉が流行りました。十八史略に出てくる「士別れて三日」をもじったものですが、それほど工事現場の囲いが外されると、まるで別の町に来たかのような錯覚に襲われたものです。今回の5年ぶりの北京には、流石に道に迷うほどの大きな変化はありませんでしたが、「刮目して」見てみるとやはりそれなりの大きな変化がありました。何よりも空気がきれいになっていることです。それは緑が多くなっていることや、ガソリン車が淘汰されて徐々に電気自動車がとって代わろうとしていることと無関係ではなさそうです。煙を出す工場を移転させたことや北京市民の環境意識が高まっていることとも関係しているようです。

宿泊先となったホテルの周辺を散策していると、居住委員会の「住民公約」が民家の門口ごとに貼られていました。「愛国守法　明礼誠信」に始まり「愛護環境　共創文明」で終わる8ケ条の公約が並んでいるのですが、これを見ると北京の住民が何を規範にして日々を暮らしているかが垣間見えるようでした。そして「環境を愛護し共に文明社会を創造しよう」との意識の変化が環境の改善にも現れているように思えました。そうは言っても、この原稿を書いている12月3日の北京の「大気汚染：リアルタイム大気汚染指数（ＡＱＩ）」ではＰＭ２・５の値が１５２で「健康に良くない」との赤信号が点っていたので、風向きによっては毎日が青空と言うわけではなさそうです。ただ、私が訪れた日の北京はかつてのＰＭ２・５の時代を知る者にとっては今昔の感がありました。中国は今「３０６０目標」を掲げて環境対策、地球温暖化対策に取り組んでいます。「３０６０目標」というのは、２０３０年までに二酸化炭素を減少に転じさせ（カーボンピークアウト）、２０６０年までに排出をゼロにする（カーボンニュートラル）という目標ですが、カーボンニュートラルの中国語「碳中和」は２０２１年の中国の流行語トップ10に入ったそうです。こんなところにも環境問題への関心の強さが現れていますが、５年ぶりの北京の第一印象は空が青いと言うことでした。

空の青さと共に、街並みがきれいになっていることも印象的です。人で賑わう王府井や前門のショッピング街は通りがすっきりして広くなったように感じました。道路脇には色とりどりの花が植えられ、かつては路上にはみ出して屋台で売られていたような食べ物やみやげ物店が屋内に入ったからかも知れません。北京に行くまでは、店での支払いは全て電子マネーで決済されるので人民元は持っていても使えないと散々脅かされていましたが、実際は人民元もちゃんと機能していました。屋台は一時期、環境を汚染するからとの理由で規制されたようですが、コロナ禍の終息と若者の雇用対策で場所を限って復活しているようです。さらに、環境問題への関心の強さを表すものとして、車のナンバープレートがありました。従来型のガソリン車はプレートが紺色なのに対して電気自動車はグリーンに色分けされているので、街中を走る車のガソリン車と電動車の比率が一目で判るようになっているのです。今のところは7対3くらいの割合で、まだガソリン車が多かったのですが、この比率は急速に逆転するだろうと思いました。

北京では短い時間でしたが、中国

北京の中軸線。手前が永定門。奥に鐘楼と鼓楼、更に奥に景山、その延長線上に北極星が輝く

前門を背にして歩くと右手に大柵欄、左手に鮮魚口の入口が見えてくる。鮮魚口は明、清時代に栄えた鮮魚市場。三里河を通じて魚が運ばれたらしい。今は食べ物とおみやげ店が並んでいる

三里河公園。全長900メートルの河沿いの遊歩道は北京市民の健康作りと憩いの場になっている

王府大街の入口。屋台や道路にはみ出た店は見当たらなかった

北京の空はどこまでも青かった。勿論風向きにもよるが、北京秋天の美しさは戻ってきたよう

日本友好協会のご案内で北京首都博物館を見学できました。この博物館は２００６年に新館が完成し、それまで北京孔子廟内にあったものを現在の位置に移転したそうです。地上５階、地下２階建ての広大な展示面積は一日かけても見終わらないくらいです。たまたまその日は北京に関する特別展が開かれており、デジタル技術を駆使した光と音楽と映像で効率よく中軸線を重んじる中国文明が理解できました。北京は古来４つの王朝が首都を設け、首都としての北京の歴史は基本的に現在に至るまで継続しているとのことでした。北京の都市建設は南端の永定門から北端の鼓楼と鐘楼まで一直線に繋がる全長７・８キロの中軸線に沿って左右に数多くの建築物を配することで都市計画が進められてきたといいます。中華民族、中華文明の「中」という字が中庸、中道、中正、中立などの政治理念を象徴しており、その中心に皇帝が政治を行なう故宮（紫禁城）があります。中軸線を中心にして五穀豊穣を祈念し、皇帝自らが天に報告する天壇や、地の神に祭祀を行なった地壇や、農耕文化の創始者といわれる伝説上の神農を祭る先農壇、土地と穀物を祭る社稷壇などの建築物がほぼ対称に配置されています。中心軸の先には北極星があり、皇帝は北を背に南面して、天の使いとして天道を行なっていたのです。皇帝が天と地に豊穣を祈ったのは「王は民を以て天と為し、民は食を以て天と為す」という中華思想を具現化しているようです。北京は今、この中軸線をもとに「民を天として」民の幸福、福祉、経済発展を進めてきた都市建設の歴史と文化を世界遺産に登録しようと準備しているそうで

皇帝が社神（土地）と稷神（五穀）を祭る社稷壇。東西南北中を表す五色の砂が敷かれている

ガソリン車は従来のままの紺。EV車はグリーンナンバーで一目瞭然

三里河畔には今も農家が残っていて、都心とは思えないのどかな風景に出会えた

三里河の三里は前門から3里、約1.5キロの所を流れていたことから。河筋は消滅していたが、再開発で蘇らせたという。黒鳥や錦鯉がゆったりと泳いでいた

す。５０００年の中華文明、伝統的な中国文化への回帰は、習近平総書記がマルクス主義の原理を中国の「魂脈」、５０００年の伝統文化を中華民族の「根脈」と位置づけた「第二の結合」と一脈通じるものがあるように思います。

今回の5年ぶりの北京では、警察や警備員の数が多く、町全体に緊張感が漂っていたように感じました。警備員が多いのは退役軍人の雇用対策との説明もありましたが、市民や観光客の憩いの場であったはずの天安門広場への入場者の検査を待つ長い行列ができているのを見ると、国が大きく、豊かになり、国際社会でも大きな地位を占めるようになれば、自ずとそれに伴う警戒感も高めなければならないという事情があるのかも知れません。住民の陳情や住民トラブルの調停窓口を日本の交番に当たる公安分局で受け付けていたり、盗難や火災、詐欺被害に遭わないように呼びかけていたり、２０２４年１月１日から施行される「中国反テロリズム法」の学習を呼びかけたりするポスターが貼られているのを目にすると、問題は未萌のうちに解決するなどして、社会の安定と治安の維持に大きな力を注いでいるようでした。

そういえば、中軸線の南端にある門の名前は永定門ですが、北京が末永く安定するようにとの願いが込められているそうです。

中国には「水清ければ魚住まず」（水清無魚）という俗語があり、日本には「天下の政（まつりごと）は重箱を擂粉木（すりこぎ）で洗い候がよろしき」という徳川家康の言葉があります。北京の街は確かにきれいになり豊かにはなったのですが、ピリピリとした緊張を肌に感じたのは私だけでしょうか。天安門広場で親子が凧揚げをしたり、子供たちが駆け回る歓声が響いたりした昔を懐かしんでいるのは、私が時代に取り残されているからかも知れません。

瀬野《せの》　清水《きよみ》

元在重慶日本国総領事館　総領事

1949年長崎生まれ。75年外務省に入省後北京、上海、広州、重慶、香港などで勤務、2012年に退職するまで通算25年間中国に駐在した。元在重慶日本国総領事館総領事。現在、（一社）日中協会理事長、アジア・ユーラシア総合研究所客員研究員、成渝日本経済文化交流協会顧問などを務めている。共著に『激動するアジアを往く』、『108人のそれでも私たちが中国に住む理由』などがある。

日中友好青年大使から見た中国

コロナ禍以降初の訪中
―3年半ぶりの母校訪問

文・写真／井上正順

学内を案内してくれた北京語言大学留学生オフィスの先生方と筆者

連載 第11弾

2023年下半期、私は合計5回中国を訪れた。新型コロナウイルス感染症が流行する前に渡航したのは2020年1月15日。それから3年以上の時間が経った。以前であれば、中国は1〜2週間に1度の割合で観光地のテナントが変わり、1カ月離れればトレンドやアプリが変わっているようなスピード感のイメージだった。それが3年間も離れてしまったら、私は一体中国に戻っても生きていけるのだろうか？　全く知らない国になっていたらどうしようか？　私はこの国で再びビジネスや交流ができるのだろうか？　今回の渡航前はそのような不安に駆られていた。しかし、その不安は中国到着後、すぐに解消されることになった。

もちろんインフラ（デジタル含む）が3年前と比べて拡充されていたり、EV車や充電スポットが増加しているなど、目に見える変化は多かったものの、街中では3年前と同じように過ごすことができた。そんな中で、驚愕の変化があった場所がある。それは私の母校、北京語言大学である。コロナ前からキャンパス内に入る際、まれに学生証や身分証の提示を求められることはあったものの、中国の大学は敷地内にマンションや公共施設、病院があり、一般の居住者や利用者が多いので、基本的に誰でもウェルカムというイメージがあった。ところが、コロナ禍の影響で大学の門には一律で入場ゲートが設けられ、学生証などをスキャンしないと入れないケースが多く、不便を感じることが増えたと聞く。

幸い私は母校の教員に迎え入れてもらい入ったので特段不便は感じなかったものの、以前のように頻繁に、且つ気軽に帰ることができなくなってしまったという気持ちになった。また寮内の門限が以前にも増して厳しくなったようで、昔はそこまで管理が厳しくなかった宿舎も、今は学校外のゲートの入退記録とも紐付けされているらしく、門限までに帰寮しなければ通知や記録を残されるとのこと。そのせいか、以前は眠らない街と言われていた五道口のバーやクラブ街はもちろん、夜食のお店などが以前と比べて活気が薄れていると感じた。

反面、学内施設が拡充され、大学

孔子の像以外は全く以前の面影がなくなった語言大学最新の図書館

食堂の3階
おしゃれなフードコートに様変わり

語言食堂名物「○○盖饭好了（○○丼ができたよ）」と教えてくれるおじさんがいたお店の跡地は四川料理店に

かつてラピータカフェがあった場所にマクドナルドができるとのこと

の教室や建物が改修され、図書館や食堂なども新しくなっていた。特に図書館は数十年改修工事がされず、老朽化が進み、自習スペースも少なく、多くの留学生は学内外のカフェ等で勉強することが多かった。しかし2年ほどの改修期間を経た図書館は5階建ての綺麗で最先端の図書館に生まれ変わり、自習室の他にも会議室や音読ブースなどが設けられるなど、スタイリッシュ且つ学生に利用されやすい環境を整えた施設になっていた。

　また以前は北京市内の大学で唯一マクドナルドがあるのは北京師範大学だった。2023年5月までは校長も北京師範大学出身の劉利先生（私の修士卒業式では劉校長と2ショットを撮った）だったが、6月に新しい校長になると、なんと北京語言大学の敷地内にマクドナルドができることに！（校長が変わったことが直接影響しているかは不明）それ以外にも、価格が高いことから黒超（腹黒いスーパー）と呼ばれていたスーパーの資本がウォルマートに変わり、最近では茅台酒とコラボしたことでも知られるLuckin Coffeeや、コスパNO.1と呼ばれ今年東京にも進出した蜜雪氷城も学内にオープン。食堂内の飲食店も様変わりし、よく自炊のために買い物をしていた市場も一変した。このようにインフラが改善され衛生面も良くなっていく一方、昔からの建物やテナントがなくなり思い出がなくなっていく。これは自然の道理であるので仕方がないことである。今までは北京の街中の変化が大きく、学内の変化は工事が多いものの、あまり変化がなかった。それがコロナをきっかけに大きく加速したのだと感じる。そしてこの変化は各大学にも共通するものがあると思うので、中国留学経験者の読者の皆さん。あなたの母校がどのように変化したか、それを確かめに中国へ戻ってみませんか？

井上《いのうえ》 正順《まさゆき》

1992年生まれ。北京語言大学漢語国際教育専攻学士・修士号取得。留学中は北京語言大学日本人留学生会代表、日本希望工程国際交流協会顧問等を歴任。2019年に中国でスタートアップを経験。2020年9月に学友と日本で起業。東京都日中友好協会では副理事長、日中友好青年大使として様々な日中交流活動を企画・運営している。

論語と落語の蜜月関係

『論語』読みの論語知らず

近代日本の知識人にとって最も恥ずかしい評価は、「『論語』読みの論語知らず」でした。それは、論語を生かして実行に移せないことのたとえだったからです。今回は『論語』の教えがかるたになったり、落語になったりという話です。これこそ日中のクロスオーバーですね。

文／加藤和郎

写真／CTP

連載 第8弾

いろはかるたが論語を広めた

『論語』は、『大学』『中庸』『孟子』と並ぶ四書の一つで、孔子の言動・弟子との問答などを弟子たちが記録した書物であり、いわば「儒教の経典」です。この『論語』を「したり顔」で語ることはできても、その教えを実践できていない者の愚かしさから、書物を読んでも表面的に理解するだけで真髄をわかっていない人をあざけって言うのが「『論語』読みの論語知らず」なのです。

ちなみに、この言葉を世に広めたのは、大阪の「上方いろはかるた」であり、【い】一寸先は闇（やみ）【ろ】『論語』読みの論語知らず【は】針の穴から天を覗くです。また、名古屋の「尾張いろはかるた」では、【い】一を聞いて十を知る【ろ】『論語』読みの論語知らず／六十の三つ子（老いても知恵は幼児）【は】花より団子でした。

これを、噺家（はなしか＝落語家）がほおっておくわけがありません。噺（はなし）の終わりに「落ち」があるから落語なんですからね。知ったかぶりの爺さんが若者たちに向かって大言壮語した挙句に「なんだぁ、爺さんそんなことも知らずに」と馬鹿にされて、大笑い。なんていうのが代表的なオチ（結末）です。

論語がベースの落語『厩《うまや》火事』

では、『論語』を元にした代表的な落語『厩火事』を誌上で一席（一話）おうかがいする（お話し）することにいたしましょう。

髪結いを生業としているお崎という女性が、仲人をしてくれた旦那の家を訪ね、亭主への不満をぶちまけます。昼間から働かずに酒を飲んでいる亭主に不満はある一方、本気で愛想が尽きたわけではなく、亭主が本当に自分のことを想ってくれているのかを知りたい、という本音も吐露する。そこで、話を聞いた仲人の旦那は、中国の儒家である孔子様の話を引き合いに出し、亭主が信頼に足る男であるかどうかを確かめる方法を提案します。また、亭主が大事にしている瀬戸物を目の前で割ったとき、瀬戸物の心配をするのか、お崎の心配をするか、それで見極めたらよいと、お崎に助言したのです。

さてさて、お崎は家に帰ると、夫の目の前で瀬戸物を落として割る。亭主は真っ先にお崎に怪我がないかを心配したが……。はてさて、「オチ」は？　お崎は言う。「あんた、そんなに私のことが大事なのかい？」。亭主はこたえる。「当り前じゃねぇか。お前が怪我でもしたら、明日から遊んで酒が飲めねぇ」（笑）。

落語は裏から読んだり、まぜっかえしたりの滑稽話で、最後に「オチ」がつくのが特徴ですが、『論語』さえも話材の一つにアレンジしてしまうのですから、まさに、恐れ入り谷の鬼子母神です。（これも落語のシャレ）

『論語』の学びは我が家の寺子屋で

『論語』は学問の聖典としての本来の役割が重要視されました。寺子屋は、1872年（明治5年）に義務教育制度が始まったために廃止されましたが、私は入学前から母に読み書きを習い、特に『論語』は声を出して読むようしつけられたことから、「寺子屋みたいですね」とご近所の皆さんに冷やかされました。戦争中に生まれて直後に東京が空襲されたため、長野県上田市にある大きな農家の床の間付きのお座敷に疎開した75年以上も前のことで、『論語』との最初の出会いは「己の欲せざる所は人に施すこと勿かれ」でした。この一文からは、「自分が望まない（いやだと思う）ことを、ほかの人に対してやってはいけませんよ」と教えられました。

明治生まれの母にとっては、『論語』はしつけの手本だったのかもしれません。「己所不欲勿施於人」は字面だけではなく、「自己中心的な欲望を抑えて他人を思いやる心を持つことの重要性を説いている」のだということは、ずっと後になってから知りました。『論語』は時代を超越した倫理の教科書なんですね。

ところで、今から12年前の2011年に孔子のふるさとである山東省済南市で講演する機会をいただいたことを思い出しました。山東芸術大学でテーマは、『日本の芸術史と現代マスコミにおけるアートの状況について』。この時の学生からの質問は「先生の学生になるにはどうしたらいいのでしょうか」でした。質問という形で感謝を伝えてくれたのでしょう。さすが「礼の国」と再認識しました。今あらためて、その「精神的滋養に恵まれたひと時」を思い返す機会を得たことに感謝してこの稿を終えます。

写真／『和華』編集部

加藤《かとう》　和郎《かずろう》

NHK報道局でニュース取材・特別番組の制作、衛星放送局では開局準備と新番組開発に従事。モンゴル国カラコルム大学客員教授（名誉博士）。「ニュースワイド」「ゆく年くる年」などの総合演出。2003年日中国交30周年記念（文化庁支援事業）「能楽と京劇」の一環で北京・世紀劇院での「葵上」公演をプロデュース。名古屋学芸大学造形メディア学部教授を経て、現在はミス日本協会理事、日本の寺子屋副理事長、能楽金春流シテ方桜間会顧問、i-media主宰など。

中国万華鏡　第6回

「生芋こんにゃく」を巡る 貴州・雲南の旅

稲垣徳文

貴州省・隆里で見つけた短冊状のこんにゃく。こんにゃくは石灰を水に解いた灰汁に浸しておくと長持ちする。

ニワトリを連れて朝の散歩。藍染めのジャケットは民族衣装。（貴州省増衝村）

2005 年に訪れた貴州省、凱里郊外のミャオ族の村。広場を囲むように木造建築の家屋が並ぶ。棚田の眺めは親近感を感じた。（貴州省 郎徳村）

中国万華鏡　第6回

「生芋こんにゃく」を巡る　貴州・雲南の旅

中国でこんにゃくは「魔芋」と書き、「モーユー」と発音する。

家業である「こんにゃく」のルーツを探しに中国南部を訪れたのは1991年、大学3年の夏。

こんにゃくは弥生時代、稲作と共に中国から日本にもたらされた食文化のひとつだ。

こんにゃく芋はアクが強くそのままでは食べられない。すりおろした芋を石灰水と混ぜ合わせアクを抜きする。それを茹でると弾力あるこんにゃくになる。こんにゃく独特の匂いはアルカリ性の石灰によるものだ。

省都の昆明に着いて早速、こんにゃくを探した。お豆腐はほとんどの市場で売られていたが、こんにゃくは比較的大きな市場でしか見つけることができなかった。

市場で売られていたこんにゃくはすべて手作りでだいたい大きなホーローの洗面器に乗せられて売られていた。小さく刻まれた赤と緑の野菜が練り込まれていることもあった。赤は唐辛子で緑は葉ネギのようだった。

日本では青のりや唐辛子の粉末でこんにゃくを色付けすることがあるが、色あざやかな赤と緑が散りばめられたこんにゃくは中国らしいと思った。こんにゃくは全て量り売りで必要な量を切り分けてくれる。

こんにゃくを手に食堂で料理を頼むと、ネギと生姜、唐辛子で味付けした「ピリ辛味の炒め物」が運ばれてくることが多かった。中国ならではの絶品料理を期待していたものの、中華鍋のこんにゃくが奏でたのは日本と同じ「雷こんにゃく」である。

西双版納で食べたこんにゃくは昆明に比べると柔らかかった。聞けばこんにゃくの生芋をすりおろして作られたものだという。昆明のこんにゃくは粉末のこんにゃく粉で作られたもの。郊外の村で芋はないかと訪ね歩くと、農家の土間に置かれた芋を見ることができた。南瓜ほどの大きな芋だった。西双版納ではバナナの葉に包まれた納豆や、魚の発酵食品もあった。

それから10数年後に訪れた貴州省でもこんにゃくに出会った。少数民族出身の通訳さん曰く、「この辺りの村ではこんにゃくを作れないようでは嫁にゆけない」とのことだった。こんにゃく芋は中国南部から東南アジアにかけて自生するがこんにゃくとして食べるのは日本と中国南部だけのようだ。

インドのニューデリーの市場でもこんにゃく芋を見つけたことがあったが、インドではこんにゃくを作らない。芋は野菜カレーの具にするという。芋のアク抜きはどうするのか。興味は尽きない。

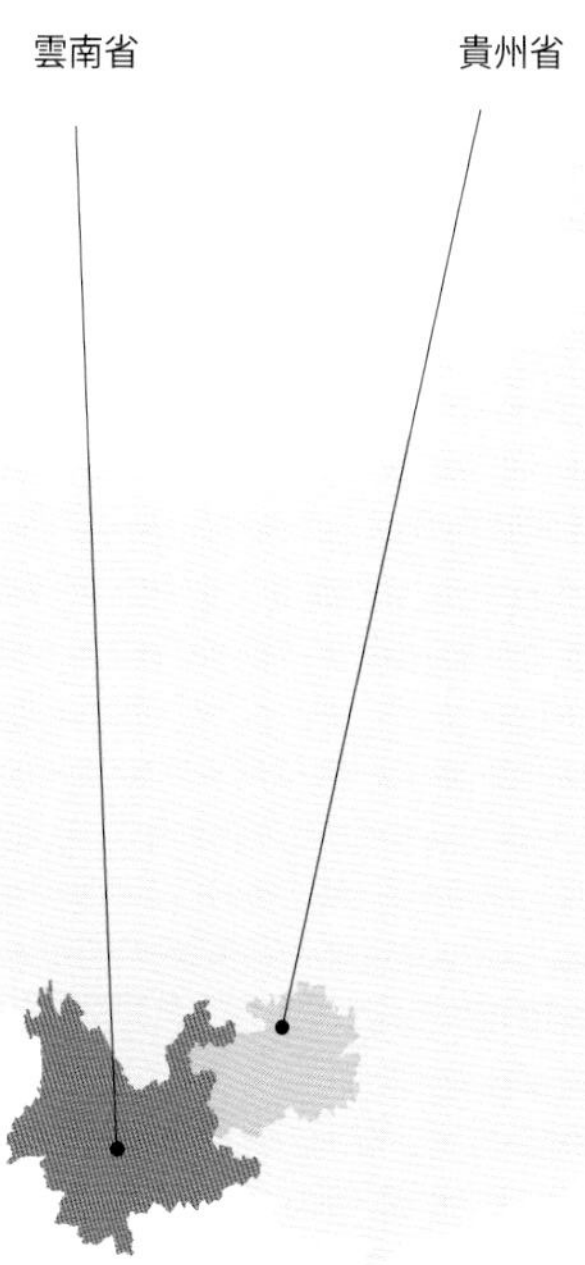

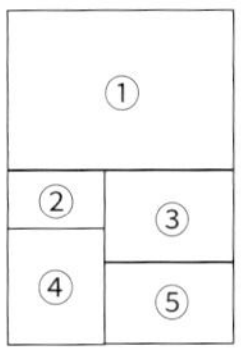

①ちょっと退屈そうな豚。ファームステイが可能な村もあり村の民家に泊まることもできた。2階が居住スペースで1階は納屋と家畜小屋。夜は豚の寝言が煩かった。（貴州省増衝村）
②食事は鍋を囲む事が多かった。豚の水炊き、美味しかった。（貴州省肇興村）
③川魚の保存食。米麹に漬け込まれた「なれ鮨」もあった。（貴州省施秉村）
④雑貨屋の軒先で売られていた豆腐。中国の豆腐は水分の少ない木綿豆腐。（貴州省肇興村）
⑤竈に載せた大きな樽で焼酎を蒸留していた。蒸発したアルコールが樽で冷やされ傍らのポリタンクに貯まる仕組み。土間には藍染めの道具もあった。（貴州省増衝村）

稲垣《いながき》　徳文《のりふみ》

1970年、東京都生まれ。法政大学社会学部卒業。在学中より宝田久人氏に師事。中国は1990年から2000年代にかけて40回あまり撮影に赴く。中国から西回りにインド、ヨーロッパ、南北アメリカ、南極を旅した。2010年より大型カメラによる撮影をスタート。「アジアの古刹巡礼」と「ウジェーヌ・アジェが写したパリの再訪」をライフワークにしている。東日本大震災後、太陽光でプリントする鶏卵紙に取り組んでいる。日本写真協会会員。

上：清水寺の重要文化財「経堂」で盆栽を展示する様子　下左：「経堂」で開幕式を開催
下右：中国から来た盆栽鉢作家の施小馬氏と陳岩氏が宜興紫砂特製盆栽鉢を清水寺に贈った

『和華』レポート

中日平和友好条約締結45周年記念

中日奉納盆栽水石展@清水寺

文・写真／『和華』編集部

盆栽文化は中国の唐から始まり、小さな鉢の中に世界が見える。11月24日、中日平和友好条約締結45周年を記念して、『中日奉納盆栽水石展@清水寺』の開幕式が京都で開催された。今回の展覧会は11月27日まで、合計4日間開催となり、盆栽作品41点、水石盆栽7点、書画作品10点が展示され、盆栽芸術作品は京都清水寺の経堂に映え、観光客はその特有の趣と美しさを堪能した。

今回のイベントは、中華人民共和国駐大阪総領事館、春花園ＢＯＮＳＡＩ美術館、清水寺が共催し、株式会社アジア太平洋観光社が協力した。また文化庁、観光庁、京都府、京都市、中国盆景芸術家協会、公益財団法人大阪観光局、公益社団法人２０２５年日本国際博覧会協会、公益社団法人日本中国友好協会、京都府日中友好協会、京都華僑総会などが後援した。

開幕式には中華人民共和国駐大阪総領事の薛剣氏と教育処主任の聶瑞麟氏、春花園ＢＯＮＳＡＩ美術館創設者で日本盆栽界巨匠の小林國雄氏、清水寺貫主の森清範師、京都府副知事古川博規氏、中国盆景芸術家協会秘書長の蘇放氏、京都市国際交流・共生推進室長の西松卓哉氏、公益財団法人大阪観光局常務理事の平田知敬氏、京都府日中友好協会会長の田中彰寿氏、世界盆栽友好連盟副会長の岩崎苗美氏、株式会社アジア太平洋観光社代表取締役の劉莉生氏らが出席した。

中華人民共和国の薛剣駐大阪総領事は開幕式の挨拶で次のように述べた。「盆栽という芸術は中国の唐の時代に始まり、宋の時代には盆石が現れ、園芸市場が発達し、盆栽園芸品の売買が盛んになりました。明・清の時代の盆栽文化は、富裕層から一般大衆へと少しずつ普及していきました。日本における盆栽の記録は最古のもので鎌倉時代にさかのぼり、明治時代までは中国語と同じように『盆景』と呼ばれていたそうです。中国の盆栽芸術は１２００年以上前に日本に伝えられてから、絶えず発展、

中華人民共和国駐大阪総領事
薛剣氏

京都府の古川博規副知事は
西脇隆俊知事の挨拶を代読した

春花園BONSAI美術館創設者
小林國雄氏

中国盆景芸術家協会秘書長
蘇放氏

変化し続けています。盆上に凝縮される盆石の自然山水観は、手を加える人の最も素朴で直観的な美しい思いを反映しており、中日両国の人々が昔から追い求めている精緻で自然な美しい生活への願いを乗せたものです。小さな盆栽は『音のない絵、立体的な詩』と称えられ、ほんの小さな空間に無限の知恵が含まれており、まさに小さな盆栽に大きな乾坤が宿っていると言えるでしょう。

文明の交流や学び合いは、人類社会の進歩と世界平和の発展を推進する重要な原動力であり、世界をより美しくし、各国の人々の暮らしをより豊かにするために避けては通れない道です。今年は中日平和友好条約締結45周年に当たります。中国駐大阪総領事館は、45周年記念としてこれまで盆栽イベントをはじめ、数多くの文化イベントを開催し、中日文化交流に積極的に取り組んできました。今後も各界の有識者と共に手を携えて中日文化交流と文明の学び合いを推進してまいります」。

春花園BONSAI美術館創設者・日本盆栽界巨匠の小林國雄氏は挨拶の中で次のように述べた。「見渡せば、視界いっぱいの紅葉と緑、そして世界中の人々を魅了する清水寺の美。その全てが備わった舞台で、こうして盆栽を飾らせていただく事は、1人の作家として生涯最大の栄誉です。一粒の種が親木から離れ、陽の光を求めて成長していく。みなさん、命の営みが鉢に納まっている盆栽に美を感じることに国境はあるのでしょうか？私は盆栽のおかげでどれだけの国の友達ができ、笑い、楽しむことができたか知れません」。

京都府の西脇隆俊知事は書面で以下のように挨拶した。「盆栽は、平安時代に中国から伝来した『盆景』を基に日本人らしい独自の美的感覚や豊かな風土の中で培われた、生きた芸術品です。雅な趣があり、日常生活に潤いと安らぎをもたらすものとして古くから親しまれております。近年ではその高い芸術性から、ますます愛好家が増え、今や日本を代表する文化として『Bonsai』という言葉がそのまま海外で通じるほど、世界的にも評価されているものだと認識しております。

今年は、中日平和友好条約締結45周年という記念すべき年であります。中国と日本はこの間、盆栽をはじめ文化芸術の様々な交流事業を通じて互いの信頼を深め、友好の輪を広げてまいりました。両国の先人たちが積み重ねてきた2000年以上の友好往来や文化交流の歴史に基づく関係が、多方面にわたって一層盛んになりますよう、皆様には両国の心の架け橋として引き続き御尽力をいただきますよう、お願い申し上げ

上：小林國雄氏は弟子と現場で盆栽の技を披露した
下左 / 右：来賓たちは清水寺の水で樹齢 800 年、1 億円相当の盆栽「華厳」に散水する「水かけの儀」に参加した

ますとともに、本展覧会を通じて日中の絆が一層強くなり、新たな文化の創造へと繋がっていきますことを御期待申し上げます」。

中国盆景芸術家協会秘書長の蘇放氏は記者団に「一般的な盆栽展の注目点は盆栽にあり、盆栽そのものに対する評価がなされます。盆栽展が清水寺に移ると、盆栽以外のものに注目することになります。京都は人々に尊敬の念を抱かせる歴史的な都市であり、今日、清水寺の舞台で盆栽と水石という芸術活動を通じて、両国の文化交流につながるイベントを行えることを嬉しく思います。平和と愛は、常に人類文明の主要なテーマであり、特に争いと対立に満ちた今日の世界においては、中日両国の盆栽と水石の芸術交流は、異なる視点に満ちた世界における芸術と文化を通じた対話の重要性を浮き彫りにしています。中国唯一の国家一級レベルの盆栽協会である我々中国盆景芸術家協会を代表し、今回のイベント開催に対して祝意を表すとともに、このような中日間の盆栽・水石芸術の交流が今後ますます盛んになることを願っております」と語った。

景道講座と文化講演

11月26日には経堂内で小林國雄氏の景道講座や清水寺執事大西晶允師の講演イベントも開催された。

中国唐代に起源をもつ盆景が日本に辿り着いて千年以上。日本でＢｏｎｓａｉとして世界中で流行する今日、新たな歴史が世界遺産の京都音羽山清水寺に刻まれた。

それが今回盆栽水石を飾る作法を学ぶ第六回景名会「盆古知新」だ。清水寺の「成就院」は黄檗宗ともゆかりがある。黄檗宗の開祖である隠元禅師は中国福建省から来た。黄檗宗二世の木庵性瑫禅師と隠元禅師の法友である鼓山道霈が書かれた作品が「成就院」でかけられ、講習会会場の重要文化財「経堂」は盆栽愛好で知られている三代将軍徳川家光寄進で再建されたもの。日中友好のために開かれる講習会にとってこの上ない会場だ。

会は中国盆景芸術家協会副会長兼高級顧問の施小馬氏による中国鉢制作のデモンストレーションから始まった。講習生は中国茶文化を支えてきた江蘇省宜興、急須作りの名手として知られ一個１０００万円を超える値がつくこともある施氏の神業に魅せられた。また、中国盆景芸術家協会盆器専業委員会理事の陈岩氏と中国盆景芸術家協会副会長申洪良氏の解説もあり、盆栽の装いを決める鉢について学識を深めた。

続いて景道家元三世小林一風（小林國雄）氏による実演は中華人民共和国駐大阪総領事の薛剣氏が自ら手入れし、水かけをしてきた黒松盆栽の飾り付けだ。薛剣総領事のスローガン「敬隣永安」を、年末発表される「今年の漢字」でおなじみの清水寺貫主の森清範師が贈呈してくださり、飾り付けを試みた。

さらに日中国交正常化を成し遂げた田中角栄首相が時の毛沢東主席に贈呈した漢詩を、三世家元小林一風が今回の清水寺展に合わせて再度書にして、飾りの席で披露した。

会の締めくくりは清水寺大西晶允執事による日中仏教交流について御法話を賜った。仏教のことを深く知らない人にも伝わる話ぶりにしばしば受講生が頷く様子が見られた。

盆栽鉢に始まり、漢詩、仏教、様々な文化を取り込みながら三世家元小林一風の景道は幅広く展開していくことが期待できる。

当日の動画は
こちらから↓

中華人民共和国駐大阪総領事
薛剣氏

施小馬氏による中国鉢制作の
デモンストレーション

清水寺執事
大西晶允師

春花園BONSAI美術館館長
神康文氏が作った漢詩

日中 Information

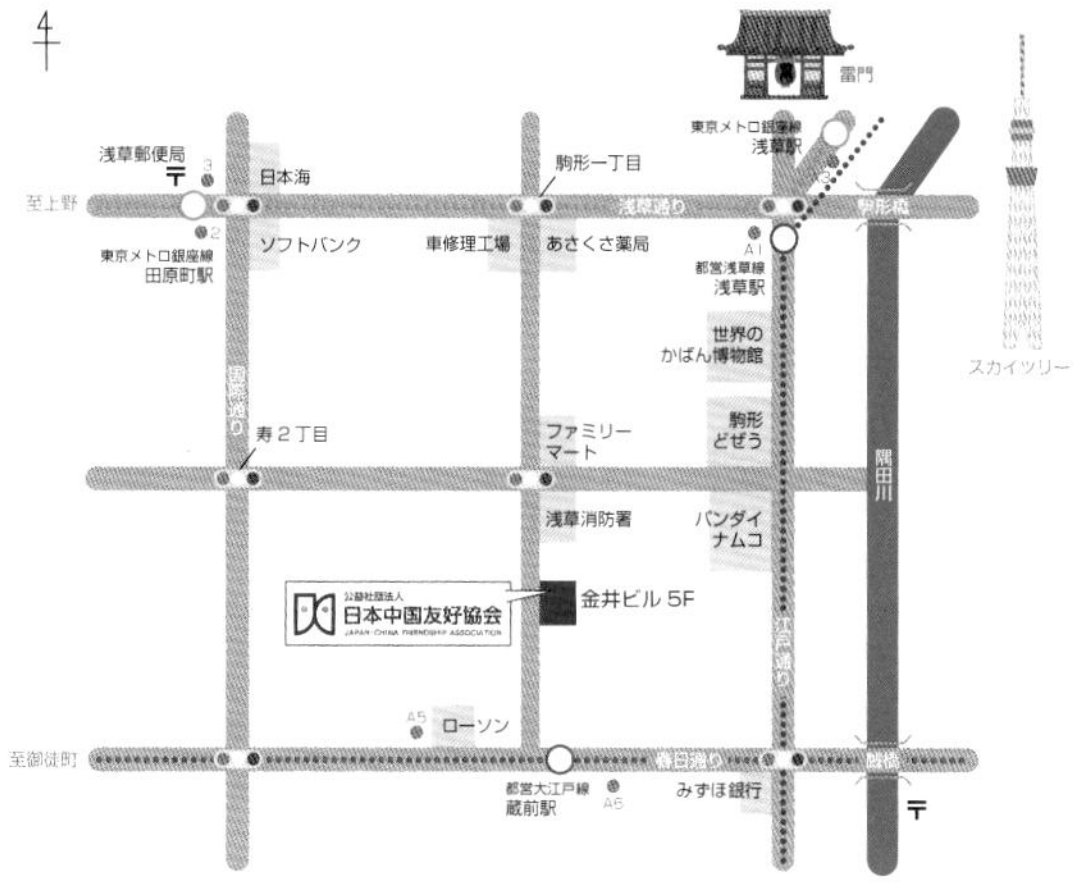

東京メトロ・銀座線「田原町」駅２・３番出口　徒歩７分
都営地下鉄・浅草線「浅草」駅 A1 番出口　徒歩６分
都営地下鉄・大江戸線「蔵前」駅 A5 番出口　徒歩５分

所在地：〒111-0043　東京都台東区駒形 1-5-6
金井ビル５階
TEL:03-5811-1521
FAX:03-5811-1532

1 公益社団法人 日本中国友好協会

1950 年に創立。日中関係団体の中でも最も古い歴史を持ち、各地に加盟都道府県協会を有する全国組織。日中共同声明と日中平和友好条約の掲げる精神を遵守し、日本国と中華人民共和国両国民の相互理解と相互信頼を深め、友好関係を増進し、もって日本とアジアおよび世界の平和と発展に寄与することを目的としている。

中国への訪中団の派遣や中国からの訪日団の受入れをはじめ、『全日本中国語スピーチコンテスト全国大会』、日中両国の友好都市間の交流の推進、中国への公費留学生の派遣、会報『日本と中国』の発行等の事業を行っている。

全国に都道府県名を冠した日中友好協会（県協会）と市区町村を冠した日中友好協会（地区協会）が 300 あまりの事業・活動を行っている。

2 一般財団法人 日本中国文化交流協会

毛沢東主席は周恩来総理とともに、中島健蔵理事長と会見した—1970 年 10 月 1 日 北京・天安門城楼

1956 年３月 23 日、中島健蔵 (仏文学者)、千田是也 (演出家)、井上靖 (作家)、團伊玖磨 (作曲家) らが中心となり、日中両国間の友好と文化交流を促進するための民間団体として東京で創立された。その活動を通じ、日中国交正常化の実現や日中平和友好条約締結に向けての国民世論の形成に寄与した。創立以来、文化各専門分野の代表団の相互往来を中心に、講演会、舞台公演、映画会、音楽会、文物・美術・書道など各種展覧会、学術討論会の相互開催等の活動を展開している。

当協会は会員制で、会員は文学、演劇、美術、書道、音楽、舞踊、映画、写真、学術（医学、自然科学、人文社会科学）など文化各界の個人、出版、印刷、報道、宗教、スポーツ、自治体、経済界などの団体･法人を中心とする。月刊誌『日中文化交流』を発行。

※入会ご希望の方は、日中文化交流協会までお問い合わせください。

所在地：〒100-0005
東京都千代田区丸の内 3-4-1 新国際ビル 936 区
TEL:03-3212-1766（代表）
FAX:03-3212-1764
E-mail:nicchu423@nicchubunka1956.jp
URL:http://www.nicchubunka1956.jp/

イベント情報

3　日本国際貿易促進協会

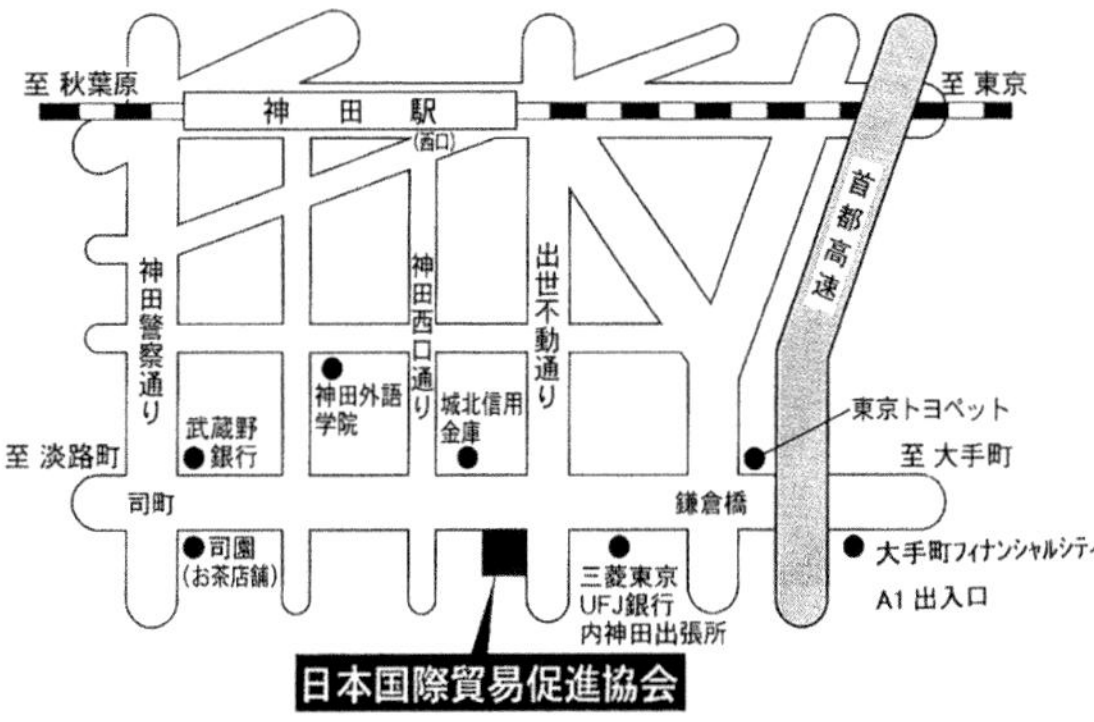

1954年に東西貿易の促進を目的に設立された。中国との国交正常化（1972年）までの18年間は両国間の経済交流の窓口となり、民間貿易協定の取り決めや経済・貿易代表団の相互派遣、産業見本市、技術交流などの交流活動を展開してきた。

国交正常化以降は中国の改革開放、市場経済化の推進に協力。対中投資協力では、企業進出、現地調達・交渉等への人的協力、投資セミナーのサポートをしている。中国との取引や対中進出に欠かせない中国企業の信用調査と市場調査を中国企業とタイアップし推進。中国で開催される工作機械展の取り纏めや日本で開催される各種国際展への中国企業の参加に協力。旬刊『国際貿易』紙や中国経済六法等を発行し情報提供を行っている。

JR「神田駅」西口より徒歩4分
地下鉄「大手町駅」A1 出入口より徒歩5分
地下鉄「淡路町駅」淡路町交差点より徒歩6分

所在地：〒101-0047
東京都千代田区内神田2-14-4
内神田ビルディング5階
TEL:03-6285-2626（代表電話 / 総務部）
03-6285-2627（業務本部・編集部）
FAX:03-6285-2940 URL:http://www.japit.or.jp
北京事務所：北京市建国門外大街19号　国際大厦18-01A室
TEL:010-6500-4050

1963年10月1日、天安門楼上で会見。する石橋総裁と毛主席

2016年訪中団汪洋副総理会見写真

4　一般社団法人　日中協会

1975年9月29日、日中国交正常化3周年の日に「日中問題の国民的合意をつくる」という趣旨のもと、任意団体として「日中協会」が外務省・自民党・経団連を中心に設立された。1981年に社団法人化、2014年に一般社団法人化され、「日本国と中華人民共和国、両国民間の相互理解を深め、もっと両国の友好関係に寄与する」ことを目的として活動している。

主な活動は日中クラブ講演会、会報の発行、訪中団の派遣、中国帰国者のための協力、中国留学生友の会の活動支援、中国訪日団受け入れ、各種イベントの開催、各地の日中協会との協力など。

向坊隆・第2代会長（右）と鄧小平・党中央軍事委主席（1989年10月）

野田毅会長、王岐山国家副主席と会談（2019年8月24日）

日中クラブ講演会（2019年11月）

所在地：〒103-0025
東京都中央区日本橋茅場町3-4-3 アンザイビル4階
TEL:03-6661-2001
FAX:03-6661-2002
E-mail:jcs@jcs.or.jp
URL:https://www.jcs.or.jp

5 中国文化センター

中国文化センターは、2008 年 5 月に胡錦濤国家主席が訪日した際、中国文化部と日本外務省が締結した「文化センターの設置に関する中華人民共和国政府と日本国政府との間の協定」に基づき設立。2009 年 12 月 14 日、習近平国家副主席と横路孝弘衆議院議長により除幕式が行われ、正式にオープンした。

日本人が中国の文化を理解するための常設窓口であり、両国間の文化交流を行うためのプラットフォームであり、相互理解と友好協力関係を促進する架け橋として展覧会、公演、講演会、中国と中国文化の教室、映画上映会などを行い、さらに中国に関する書籍、新聞雑誌、テレビ番組やインターネットなどの情報も提供している。

日比谷線「虎ノ門ヒルズ」駅 A2 番出口より徒歩 2 分
銀座線「虎ノ門」駅 2 番出口より徒歩 7 分

所在地 : 〒 105-0001
東京都港区虎ノ門 3-5-1　37 森ビル 1F
TEL:03-6402-8168
FAX:03-6402-8169
E-mail:info@ccctok.com
URL:https://www.ccctok.com
開館時間 : 月曜 ~ 金曜　　10:30~17:30
休館日 : 土日祝・展示入替作業日・年末年始

※都合により内容が変更になる場合がございます。最新情報は中国文化センターのホームページをご確認ください。

6 公益財団法人　日中友好会館

日中友好会館は日中民間交流の拠点として、中国人留学生の宿舎「後楽寮」の運営、日中青少年交流、文化交流、中国語教育・日本語教育を行う日中学院など、さまざまな事業を展開している。日中関係の一層の発展に寄与するため、両国間の記念行事や中国要人の歓迎行事などにも積極的な協力を行っている。

「日中友好後楽会」は、(公財) 日中友好会館の賛助組織であり、日中友好会館にある「後楽寮」に住む中国人留学生との親睦を深めるさまざまなイベントを開催し､年 1 回の中国旅行も行っている。※賛助会員になり、中国留学生と交流しませんか？ ご興味がある方は、下記までご連絡ください。

【後楽会事務局】TEL: 03-3811-5305
　　　　　　　E-mail: kourakukai@jcfc.or.jp

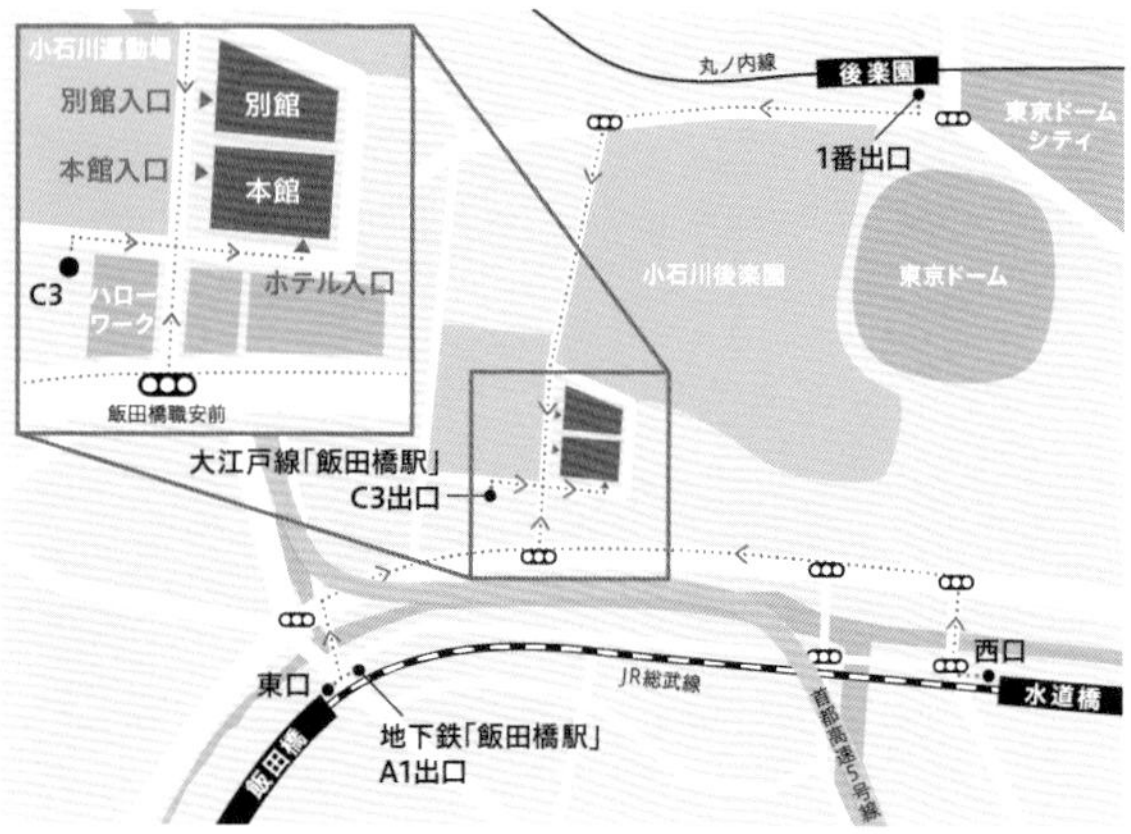

都営大江戸線・「飯田橋」駅 C3 出口より徒歩約 1 分
JR 総武線、地下鉄東西線・有楽町線・南北線　「飯田橋」駅 A1 出口より徒歩 7 分
地下鉄丸ノ内線「後楽園」駅より徒歩 10 分
所在地 : 東京都文京区後楽 1 丁目 5 番 3 号
TEL :03-3811-5317（代表）
URL:http://www.jcfc.or.jp/
美術館や大ホール、会議室の貸出しも行っています。お気軽にお問い合わせください。

7 清アートスペース / 日中芸術交流協会

清アートスペースは 2017 年 6 月六本木に設立し、2021 年より四ツ谷に新しいスペースを構えて移転した。

企画展、イベントなどを開催し、アートの新たな可能性と地域との繋がりを広める活動をしてきた。アジア現代美術に焦点を絞り、交流事業のコーディネーション、アーカイブ資料の整理や学術的調査研究なども行っている。一方、若手新進アーティストの支援プロジェクトを実施し、グローバル情報発信やアートと社会との繋がりを築くように努めている。

一般社団法人日中芸術交流協会（JCA）は 2018 年に清アートスペースの代表者関藤清氏によって設立された。当協会は芸術や文化的交流を通じて、日本と中国の相互理解を深めることを目的とし、日中芸術の共栄促進を図っている。各国文化・芸術界で文化推進のために活躍している学者や研究者などの集まりの場となっている。

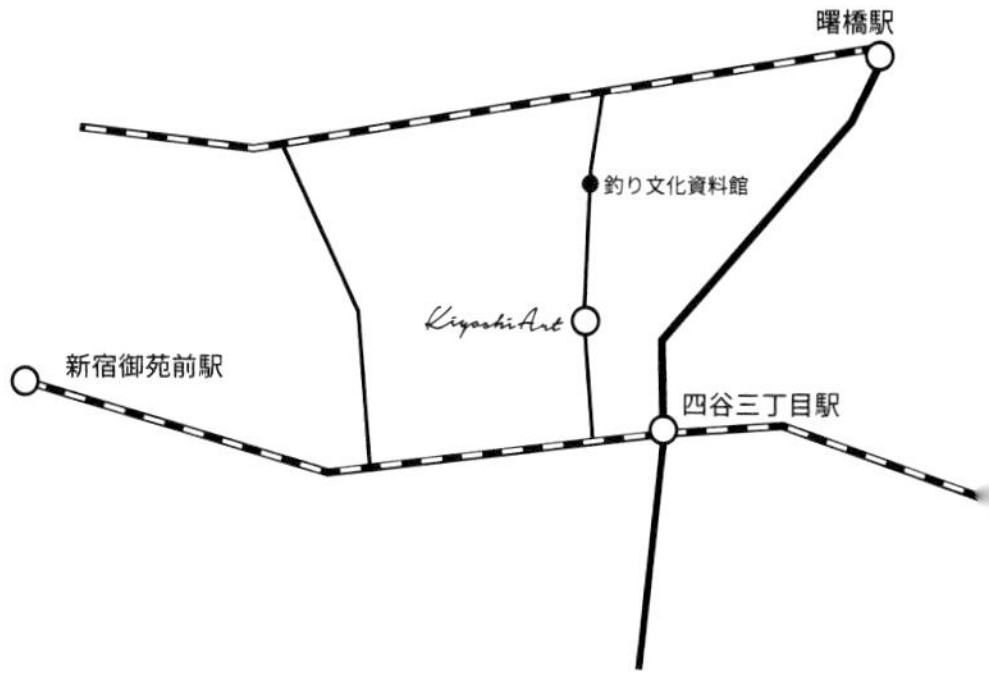

東京都新宿区愛住町 8–16　清ビル
TEL:03-6432-9535
FAX:03-6432-9536
E-mail:info@kiyoshi-art.com
URL: www.kiyoshiart.com
開館時間 : 水曜日 ~ 日曜日　11:00~19:00
休館日 : 月曜日・火曜日

8 多元文化会館

多元文化会館は、東京六本木にある文化交流のための展示・イベントスペースである。当施設は、1 階常設展スペース、2 階多目的ホール、地下 1 階公演ホール、各階の収容人数が最大 120 人、様々な行事やイベントの開催が可能。日中間交流に関わるイベントに限らず、様々な文化の多元性を伝える展覧会や講演会などにも利用いただける。展示だけでなく販売や飲食も可能な文化拠点として、多くの方が集える場を提供している。

利用目的としては講演会、会議、文化教室、各種展示会、販売会、公演、オークション会、コンサート、懇親会などに使用が可能。

所在地 : 〒 107-0052
東京都港区赤坂 6-19-46　TBK ビル 1-2 階
TEL:03-6228-5659
URL:https://tagenbunka.com/
開館時間 :10 時 ~19 時
休館日 : 月曜日、祝日
入場料 : 各イベントによって異なる
※予約には利用申込書が必要ですので、詳しくはホームページをご覧ください。

ミューザ川崎シンフォニーホール

東京多元交響楽団

Tokyo Tagen Symphony Orchestra

ニューイヤー・コンサート2024
新年音乐会2024

指揮：セルジョ・バイエッタ

ピアノ：ILARIA・LOATELLI

2024.2.4(日)

19:00開演 [18:30開場]

ミューザ川崎シンフォニーホール

〒212-8557 神奈川県川崎市幸区大宮町1310

新春の幕開けはクラシックで華やかに！

李煥之：「春節序曲」 ジョアキーノ・ロッシーニ：「ウィリアム・テル」序曲より
ヨハン・シュトラウス2世：「喜歌劇」序曲より/「トリッチ・トラッチ・ポルカ」
ロッシーニ：「セゼリアの理髪師」

チケットのお申込

日本語対応 https://teket.jp/3013/26543 QRコード

中国語対応 電話：03-5715-1063 Wechat:tokyotagen QRコード

チケットの料金

S 席 ¥6,000(税込)
A 席 ¥4,500(税込)
B 席 ¥3,000(税込)

【スポンサー募集中】

東京多元交響楽団事務局
TEL:03-5715-1063 E-mail:tokyotagen@gmail.com
主催：東京多元交響楽団
後援：中華人民共和国駐日本国大使館（申請中）

YOUTUBE FACEBOOK INSTAGRAM

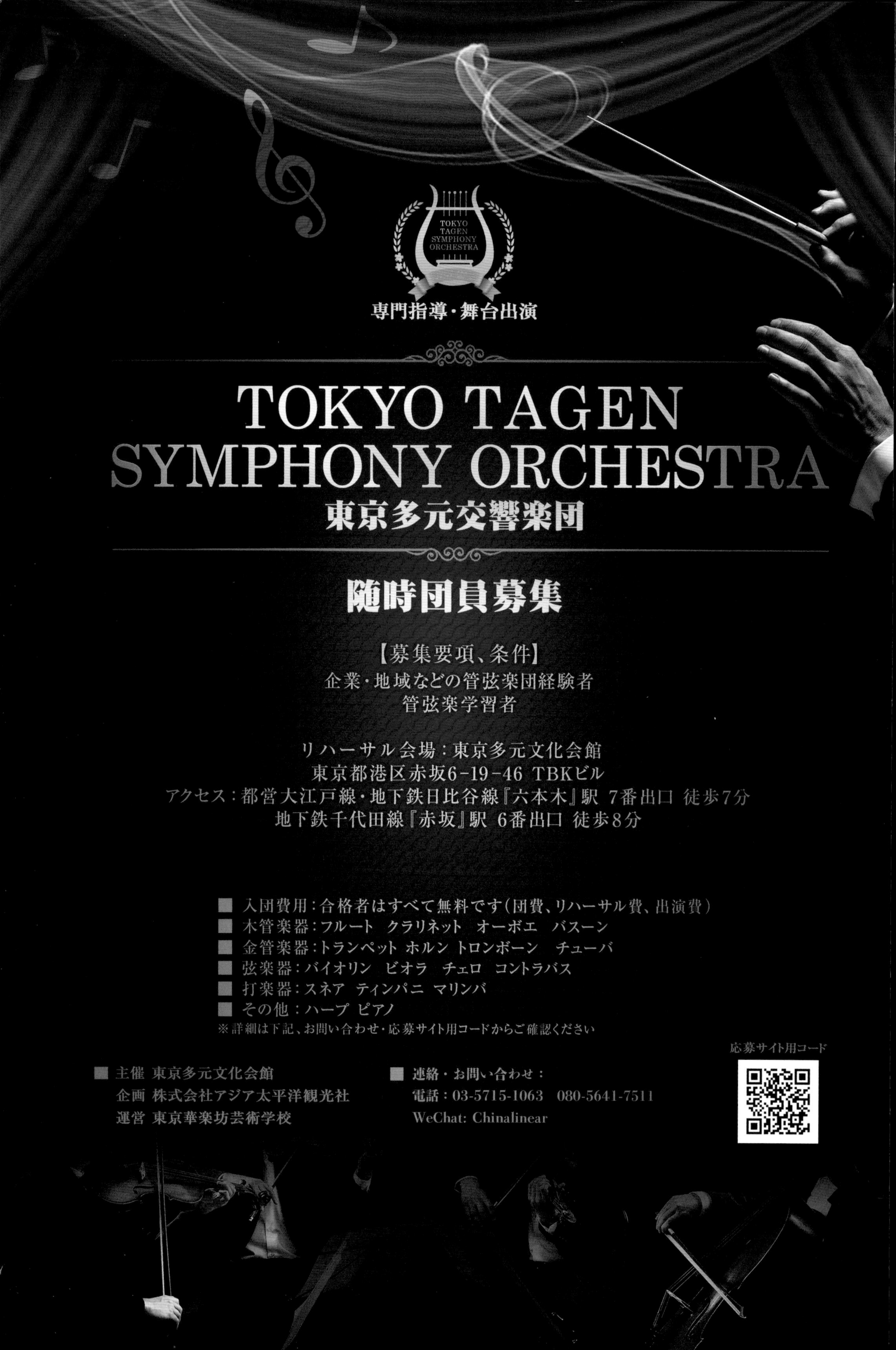
TOKYO TAGEN SYMPHONY ORCHESTRA
専門指導・舞台出演
TOKYO TAGEN
SYMPHONY ORCHESTRA
東京多元交響楽団
随時団員募集
【募集要項、条件】
企業・地域などの管弦楽団経験者
管弦楽学習者
リハーサル会場：東京多元文化会館
東京都港区赤坂6-19-46 TBKビル
アクセス：都営大江戸線・地下鉄日比谷線『六本木』駅 7番出口 徒歩7分
地下鉄千代田線『赤坂』駅 6番出口 徒歩8分
■ 入団費用：合格者はすべて無料です（団費、リハーサル費、出演費）
■ 木管楽器：フルート クラリネット オーボエ バスーン
■ 金管楽器：トランペット ホルン トロンボーン チューバ
■ 弦楽器：バイオリン ビオラ チェロ コントラバス
■ 打楽器：スネア ティンパニ マリンバ
■ その他：ハープ ピアノ
※詳細は下記、お問い合わせ・応募サイト用コードからご確認ください
応募サイト用コード
■ 主催 東京多元文化会館
企画 株式会社アジア太平洋観光社
運営 東京華楽坊芸術学校
■ 連絡・お問い合わせ：
電話：03-5715-1063 080-5641-7511
WeChat: Chinalinear

和華

waka

A Japan-China culture magazine

日中文化交流誌

小誌『和華』は2013年10月に創刊された季刊誌です。『和華』の「和」は、「大和」の「和」で、「華」は、「中華」の「華」です。また、「和」は「平和」の「和」でもあり、「華」は、美しい「華」(はな)です。『和華』の名前は、日中間の「和」の「華」を咲かせるという意味が含まれています。その名の通りに、小誌『和華』はどちらにも偏らず、日中両国を比較することによって、両国の文化発信、相互理解と友好交流を目指します。

定期購読のご案内

年4冊(1月・4月・7月・10月発行)

年間購読：3400円(税込、送料無料)

※お申し込みいただいた号から一年となります。

和華　バックナンバー

第32号（2022.1）　第33号（2022.4）　第34号（2022.7）　第35号（2022.10）　第36号（2023.1）　第37号（2023.4）　第38号（2023.7）　第39号（2023.10）

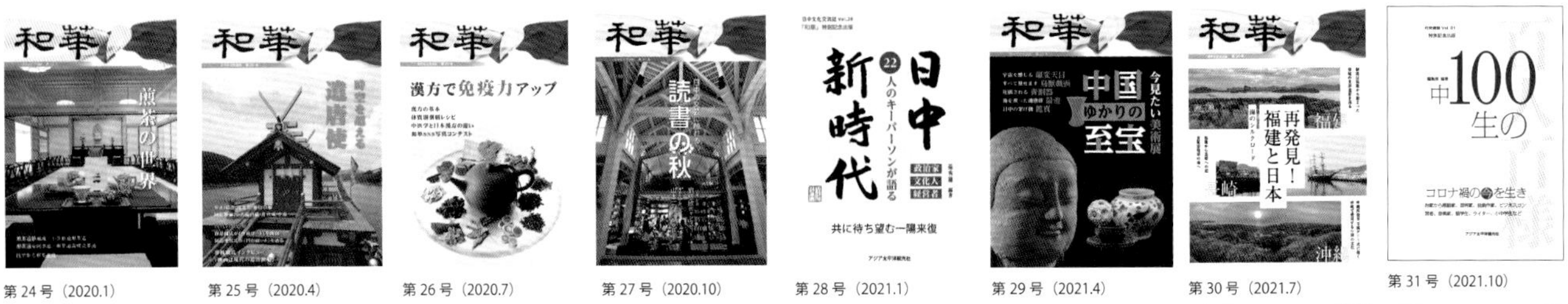

第24号（2020.1）　第25号（2020.4）　第26号（2020.7）　第27号（2020.10）　第28号（2021.1）　第29号（2021.4）　第30号（2021.7）　第31号（2021.10）

第16号（2018.1）　第17号（2018.4）　第18号（2018.7）　第19号（2018.10）　第20号（2019.1）　第21号（2019.4）　第22号（2019.7）　第23号（2019.10）

第8号（2015.10）　第9号（2016.1）　第10号（2016.4）　第11号（2016.7）　第12号（2016.10）　第13号（2017.1）　第14号（2017.4）　第15号（2017.10）

書店、電話、メール、購読サイト、QR で注文を承ります。
ご不明な点はお気軽に問い合わせください。
Tel:03-6228-5659　Fax:03-6228-5994
E-mail: info@visitasia.co.jp

https://www.fujisan.co.jp/

購読申込書とアンケートに必要項目をご記入後、切手を貼って、
郵便ポストにご投函ください。
※ハガキの切手代はご負担でお願いいたします。

『和華』購読申込書

バックナンバー購読

『和華』第（　　　）号
の購読を申し込みます。

新規年間購読

『和華』第（　　　）号
から年間購読を申し込みます。

受取人名

送り先住所
〒　－

領収書宛名
（ご希望の場合）

お電話番号
－　－

メールアドレス

通信欄（ご連絡事項・ご感想などご自由にお書きください）

『和華』アンケート

第 40 号 特集「今、伝えたい論語と算盤」
※該当する項目にチェックをつけてください。

1. 本号の発売、記事内容を何で知りましたか？
□書店で見て　□ホームページを見て
□ Facebook で見て　□他の新聞、雑誌での紹介を見て
□知り合いから勧められて
□定期 / 非定期購読している
□その他

2. 本誌を購読する頻度は？
□定期購読　□たまたま購読　□今号初めて

3. 今月号をご購入するきっかけとなったのは？
□表紙を見て
□記事をみて（記事のタイトル：　　　）

4. 今月号で好きな記事を挙げてください。
□特集（　　　）
□特集以外（　　　）

5. 今月号でつまらなかった記事を挙げてください。
□特集（　　　）
□特集以外（　　　）

6. 今後どのような特集を読んでみたいですか？
（　　　）

7.『和華』に書いてほしい、または好きな執筆者を挙げてください。
（　　　）

あなたのバックナンバー１冊抜けていませんか？

お問い合わせ：
株式会社アジア太平洋観光社
〒107-0052 東京都港区赤坂 6-19-46
TBK ビル 3F
TEL：03-6228-5659
FAX：03-6228-5994

郵便はがき

ここに切手を貼って下さい

107-0052

東京都港区赤坂 6-19-46
TBK ビル 3F
アジア太平洋観光社（内）
日中文化交流誌『和華』編集部
購読係　行

お名前（フリガナ）　　年齢　　歳（男・女）　　ご職業

ご住所

電話番号　　−　　−

ご購読新聞名・雑誌名

郵便はがき

ここに切手を貼って下さい

107-0052

東京都港区赤坂 6-19-46
TBK ビル 3F
アジア太平洋観光社（内）
日中文化交流誌『和華』編集部
読者アンケート係　行

お名前（フリガナ）　　年齢　　歳（男・女）　　ご職業

ご住所

電話番号　　−　　−

ご購読新聞名・雑誌名

和華 waka
第40号
日中の儒商に迫る
特集 今、伝えたい論語と算盤

監　修　劉 為傑
王 苗
発行人　劉 莉生
和華顧問　高谷 治美
編集長　孫 秀蓮
編集デスク　重松 なほ
デザイナー　鄭 玄青
編集協力　高橋 克三
編　集　井上 正順
校　正　Woman Press
執　筆　瀬野 清水
加藤 和郎
稲垣 徳文
竹田 武史
表紙イラスト　藤本ナオ子 naok fujimoto
アシスタント　孟 瑩
陳 晶
題　字　李 燕生
（北京大学歴史文化資源研究所
金石書画研究室主任）

定価:850円（本体 773円）
『和華』第 40 号 2024 年 1月18 日 初版第一刷発行
発行:株式会社アジア太平洋観光社
住所:〒107-0052
東京都港区赤坂6-19-46 TBKビル3F
Tel:03-6228-5659
Fax:03-6228-5994
E-mail: info@visitasia.co.jp

発売:株式会社星雲社（共同出版社・流通責任出版社）
住所:〒112-0012　東京都文京区水道 1-3-30
Tel:03-3868-3275

印刷:株式会社グラフィック

ISBN978-4-434-33235-7　C0039

写真／CTP